CLAIRE BESSANT

Die Geheimnisse der Katzensprache

CLAIRE BESSANT

Die Geheimnisse der Katzensprache

Lernen Sie Ihre Katze verstehen und mit ihr zu kommunizieren

KOSMOS

Aus dem Amerikanischen übersetzt von
Dr. Wolfgang Hensel, Bornheim-Rösberg.

Titel der Originalausgabe: „The Cat Whisperer. The secret of how to talk to your cat.“, erschienen bei John Blake Publishing Ltd., 2001,
ISBN 1-9033402-52-5

Umschlaggestaltung von eStudio Calamar unter Verwendung eine Farbfotos von Ulrike Schanz

Mit 46 Schwarzweißzeichnungen.

Die Deutsche Bibliothek – CIP-Einheitsaufnahme
Ein Titelsatz für diese Publikation ist bei
Der Deutschen Bibliothek erhältlich

Alle Angaben in diesem Buch erfolgen nach bestem Wissen und Gewissen. Sorgfalt bei der Umsetzung ist indes dennoch geboten. Der Verlag und die Autorin übernehmen keinerlei Haftung für Personen-, Sach- oder Vermögensschäden, die aus der Anwendung der vorgestellten Materialien und Methoden entstehen könnten.

KOSMOS Postfach 10 60 11
D-70049 Stuttgart
TELEFON +49 (0)711-2191-0
FAX +49 (0)711-2191-422
WEB www.kosmos.de
E-MAIL info@kosmos.de

Gedruckt auf chlorfrei gebleichtem Papier

ISBN 3-440-09733-1
Redaktion: Claudia Salata
Satz und Repro: TypoDesign, Kist
Printed in Czech Republic / Imprimé en République Tchèque
Druck und Binden: Těšínská Tiskárna, a. s., Český Těšín

Inhalt

Von A bis Z: Rat und Tat vom Katzenflüsterer *147*

Service *200*

Werden Sie zum Katzenflüsterer

In den letzten Jahren haben wir große Fortschritte darin gemacht, das Verhalten von Tieren zu verstehen. Feldstudien an wilden Tieren haben uns gezeigt, wie sie sich natürlicherweise verhalten und warum sie bestimmte Dinge tun. Es mag merkwürdig erscheinen, aber erst solche Erkenntnisse brachten uns dazu, auch das Verhalten unserer Haustiere genauer zu betrachten. Viele Jahre lang nahmen wir sie einfach als gegeben hin – wilde Tiere galten als interessant, Haustiere hatten zu gehorchen. Erst jetzt haben wir erkannt, dass die Beobachtung sowohl der wilden wie der domestizierten Tiere Rückschlüsse über beide zulässt.

Wir teilen seit Tausenden von Jahren unser Leben mit Haustieren, doch bis vor rund 20 Jahren gehörten Strafen als fester Bestandteil zum Hundetraining – manchmal sogar noch bis heute. Erinnern Sie sich noch an alte Fernsehfilme über Hundeausbildung? Es gehörte zum Standard, seinem Hund eine Drosselkette anzulegen und ihm in scharfem Ton und mit zugehörigem Handzeichen das Kommando „Sitz!“ zu geben. Das Training basierte auf starker Dominanz und die Bestrafung hatte einen hohen Stellenwert.

Die Dinge änderten sich erst, als eine neue Generation von Hundetrainern und -psychologen stärker das Verhalten der Tiere berücksichtigte. Diese neuen Trainer halfen Menschen, deren Hunde aggressiv waren, viel bellten oder an der Leine zerrten. Sie verstanden Hunde als genetische Verwandte des Wolfes und verglichen ihr Verhalten mit dem wilder Wölfe, das aus Dokumentationen bekannt war. So konnten die Tierpsychologen die Motivation eines Hundes besser verstehen und damit auch dessen so genannte „Verhaltensanomalien“ beheben.

Jahrelang haben wir Pferden mit Gewalt unseren Willen aufgezwungen, damit diese großen, kräftigen Tiere für uns arbeiten. Der zunehmende Einfluss der „Pferdeflüsterer" hat jedoch gezeigt, dass ein Pferd nicht unbedingt „gebrochen" werden muss. Monty Roberts hatte Wildpferde beobachtet und aufgezeichnet, wie sie untereinander kommunizieren. Damit öffnete er den Weg für eine andere und sehr erfolgreiche Strategie im Umgang mit Pferden. In der Tat können sich Pferde bewusst für uns entscheiden. Roberts nutzte die Körpersprache der Pferde und ihre Beziehungen untereinander und übertrug sie mit erstaunlichem Erfolg auf die Beziehungen zwischen Mensch und Pferd. Wer einmal gesehen hat, wie man ein Pferd ohne Anwendung von Druck dazu bringen kann, um eine Koppel zu galoppieren, weiß, welche Emotionen dabei zum Tragen kommen. Pferde, die zunächst bei jedem Kontakt scheuten, wurden vom Pferdeflüsterer durch eine angemessene Körpersprache und seine Reaktion auf die Signale des Pferdes dazu gebracht, ihren Kopf auf seine Schulter zu legen und folgen ihm durch die Koppel. Er übt weder Gewalt aus noch lobt er das Pferd – es folgt ihm aus eigener Entscheidung. Für Menschen, die Tiere lieben und respektieren, gibt es nichts Schöneres, als ein Tier, dass sich aus freiem Willen nähert. Es versteht, was man sagen will, und weiß, ihm droht keine Gefahr.

Pferde und Hunde leben natürlicherweise in Herden. Ihr Verhalten entstand daher aus der Notwendigkeit, mit den Mitgliedern der Gruppe zu kommunizieren. Die Gruppe bot Schutz und alle Vorteile einer Partnerschaft. In gewisser Weise hat es dieses Erbe erleichtert, Pferde und Hunde in eine menschliche Gruppe zu integrieren. Daher war auch Zwang – ehe wir Kommunikation, natürliches Verhalten und Belohnung einsetzten – ein durchaus probates Mittel der Dressur. Wie jeder Katzenliebhaber weiß, sind Katzen jedoch von ganz anderem Kaliber.

Hauskatzen haben sich im Verhältnis zu ihren wilden Vorfahren, den afrikanischen Wildkatzen, kaum verändert. Sie sind Einzelgänger und brauchen keine anderen Katzen als Gesellschaft.

Zwar genießen sie durchaus soziale Interaktion mit Artgenossen, sind aber nicht darauf angewiesen. Daher ist es unmöglich, eine Katze mit den traditionellen Mitteln der Hundedressur zum Gehorsam zu zwingen: Für Katzen hat die Gesellschaft eines Menschen keinen Wert, außer sie verlangen selbst danach; sie brauchen kein Rudel, in dem sie Rückhalt finden. Dennoch leben die Katzen seit der Zeit der Pharaonen mit den Menschen zusammen, ein Verhältnis, von dem beide Seiten profitiert haben: Die Katzen fanden immer reichlich Beute, und die Menschen genossen ihre Gesellschaft. Es ist Menschen aber nie gelungen, Katzen wie Hunde zu formen – weder physisch noch mental. Katzen waren und sind unabhängig, obwohl sie immer mehr zu einem Teil unseres Lebens und unserer Wohnungen wurden. Bisher haben wir das für selbstverständlich gehalten.

Doch dann haben Verhaltensforscher damit begonnen, das Verhalten von Katzen in Freiheit zu untersuchen, nicht nur von echten Wildkatzen, sondern auch von verwilderten Hauskatzen oder Hauskatzen auf Beutezügen in den Garten oder die Umgebung. Ähnlich wie die Pferdeflüsterer bei den Pferden fanden die Forscher heraus, dass auch Katzen äußerst komplexe Lebewesen sind – keine flauschigen Kuscheltiere, sondern erstaunliche Jäger, Tiere mit bemerkenswerter Kommunikation und der Fähigkeit, sich von einem Leben unter Katzen an ein Leben mit den Menschen anzupassen, ohne dabei ihre Würde oder Fähigkeiten einzubüßen.

Unbestreitbar haben wir die Katzen immer stärker in unser modernes, häusliches Leben eingebunden. Sie teilen sich ihren Lebensraum und das Revier mit zahlreichen anderen Katzen der Nachbarschaft. Auch damit sind sie zurecht gekommen, selbst wenn sie gelegentlich die Innenseiten unserer Haustüren ebenso markieren wie die Grenzen ihres Gartenreviers, oder wenn sie ihre Krallen an den Möbeln statt an einem Baum schärfen. Die modernen Katzenforscher haben erkannt, dass ein Katzenbesitzer seine Katze besser verstehen und würdigen kann, wenn er weiß, was sie antreibt und wenn er ihr den Platz zur Verfügung stellt, den sie benötigt, um ihr natürliches Verhalten auszuleben – natürlich innerhalb der häuslichen Verhältnisse und der Sicherheit einer Wohnung. Mit Katzen „reden" zu können, kann auch bei Problemen helfen. Fast immer entstehen solche Probleme, wenn ein natürliches Verhalten an der (für uns Menschen) „falschen" Stelle auftritt. Probleme sollten uns darauf hinweisen, dass mit unserer Katze etwas nicht stimmt. Wie die Pferdeflüsterer ihre Pferde, sollten wir unsere Katzen als wilde Tiere sehen und uns ihnen auf artgemäße Weise nähern. So schrecken sie nicht vor uns zurück und wir haben eine gute Chance, ihr Verhalten so zu verändern, dass wieder häusliche Harmonie herrscht.

Wie wir unsere Tiere sehen und wie wir ihnen helfen können, wenn sie sich an ihrem Platz in unseren Häusern unwohl fühlen, ist das Ergebnis umfassender Forschungen. Noch immer verändert sich unsere Sichtweise, noch immer lernen wir, aber die Grundsteine sind gelegt – das Konzept des „Tierflüsterers" hat sich mehr als bewährt. Wir sollten uns bemühen, herauszufinden, wie unsere Haustiere „ticken" und versuchen, eine erfüllte Wechselbeziehung mit ihnen einzugehen.

Mit diesem Buch möchte ich Ihnen einen Eindruck davon vermitteln, wie Katzen die Welt sehen und wie man das Wissen um ihr Verhalten gewinnbringend für den Aufbau einer besseren Katze-Mensch-Beziehung einsetzen kann. Dabei geht es mir sowohl um das alltägliche Zusammenleben wie auch um auftretende Probleme. Je mehr Sie über ihre Katze herausfinden, desto mehr werden Sie ihr Haustier schätzen lernen. Sie werden ihr Verhalten und ihre Fähigkeiten ebenso schätzen wie ihre Bereitschaft, auf friedliche und angenehme Weise ihr Leben mit ihnen zu teilen.

Werden Sie zum Katzenflüsterer!

Einblicke in eine andere Welt

Stellen Sie sich vor, Sie hätten immer nur in der tropischen Hitze eines afrikanischen Regenwaldes gelebt und müssten mit einem Eskimo kommunizieren, der nur die eisige Kälte kennt. Es gäbe nicht nur Sprachschwierigkeiten, sondern Sie würden auch tägliche Dinge, wie Landschaft, Pflanzen, Tiere, Kleidung – bzw. keine Kleidung – sowie die alltäglichen Nöte und Routinen gänzlich anders bewerten. Natürlich würden sie beide danach streben, einen Unterschlupf zu besitzen, zu essen und sich bei angenehmer Temperatur aufzuhalten, aber die Wege dorthin und die jeweiligen Wertschätzungen wären völlig unterschiedlich.

Versucht man zu verstehen, warum und wie sich die Mitglieder einer völlig anderen Art verhalten, dann lohnt sich ein Blick auf ihre Sichtweise der Welt und ihre Möglichkeiten, Schwierigkeiten zu überwinden.

Wir Menschen neigen dazu zu glauben, alles drehe sich um uns große, aufrechte und langsame Lebewesen. Wir bewerten unsere Umwelt mit unserer guten Sehfähigkeit (zumindest am Tag), dem Gehör, das ausreicht, andere Menschen zu verstehen und dem relativ schlechten Riechvermögen. Obwohl sich Katzen weitgehend in unserem Lebensraum aufhalten, nehmen sie dieselbe Umwelt gänzlich anders wahr, weil sie über weitaus schärfere Sinne verfügen. Ihr Gehör, Geruch- und Tastvermögen sind dem unseren so weit überlegen, dass wir uns auch nicht annähernd vorstellen können, was sie empfinden. Katzen sind als perfekte Jäger gebaut. Wir könnten höchstens davon träumen, so schnell oder so leise zu sein wie sie. Katzen bewegen sich zwar durch unsere Welt, aber wir würden diese Welt gar nicht wiedererkennen – wie ein Eskimo, der im Dschungel aufwacht!

Stellen Sie sich vor, Sie wären nur so groß wie Ihr Schienbein, könnten aber ohne große Anstrengung aus dem Stand fünfmal so hoch springen wie ihre Körpergröße. Auf einen Baum zu klettern, von der Garderobe zu springen oder über einen sehr schmalen Zaun zu balancieren, bereitet selbst alten Katzen keine besonderen Probleme. Mit einem geschmeidigen Körper und flinken Füßen, die sich schlagartig von weichen Pfoten in Steigeisen oder tödliche Waffen verwandeln, kommen Katzen in fast allen Lebensräumen zurecht, von der Arktis bis zur Wüste.

Die Fähigkeiten einer Katze, die Balance zu halten und tief zu fallen, sind fast legendär. In der Tat haben sie im Verlauf der Evolution ein automatisches Verhaltensschema entwickelt, das sich während des Falls einschaltet und eine sichere Landung auf der Erde gewährleistet. Die Katze hebt den Kopf, wendet ihr Gesicht zu Boden und dreht den Hinterkörper nach. Der Schwanz dient als Gegengewicht, bis sie schließlich auf allen Vieren landet; der gebogene Rücken federt den Aufprall ab. Natürlich kommt es auch bei Katzen zu tödlichen Stürzen oder ernsthaften Verletzungen. Wenn sie sich verschätzen und ungünstig bzw. aus sehr großer Höhe landen, werden sie sich durch den Aufprall die Beine brechen – auch Katzen sind keine übernatürlichen Wesen!

Ihr besonderer Sinn für Balance, den sie ihrem inneren Ohr verdanken, könnte der Grund dafür sein, dass Katzen weder an Seekrankheit noch unter Autofahrten leiden, ein Problem mit dem viele Hunde und Menschen zu kämpfen haben. Dieses Phänomen tritt immer dann auf, wenn sich der Kopf ständig relativ zum Körper bewegt. Es gibt zwar Katzen, die nicht gerne mit dem Auto fahren, aber dies beruht nur selten auf Gleichgewichtsproblemen. Katzenjunge und kleine Kinder sind übrigens häufiger davon betroffen als Erwachsene.

Ihr geschmeidiger, nur in Ausnahmefällen unbeholfener Körper erlaubt es Katzen, Übungen auszuführen, von denen ein menschlicher Sportler nur träumen kann. Nehmen Sie dann noch das Fehlen natürlicher Feinde (mit Ausnahme einiger Menschen), ihr beeindruckendes Jagdtalent und ihre Fähigkeit, in jeder Umgebung zu überleben – mit uns oder ohne uns – dann können sie sich vielleicht vorstellen, warum unsere Hauskatzen so vollständig unabhängig und selbstsicher erscheinen.

Wie also fühlt, sieht und hört eine Katze, und warum ist ihre Sichtweise auf die Welt so völlig anders als unsere?

Die Welt erfühlen

Vielleicht kennen Sie die verzerrte Darstellung eines Menschen, bei dem die Körperteile in der relativen Größe ihrer Tastempfindlichkeit gezeichnet wurden: Solche Menschen haben riesige Hände, Lippen, Zungen, Genitalien und relativ kleine Rücken, Beine, Füße und Arme. Wenn Sie versuchen, einen winzigen Splitter in Ihrem Daumen zu lokalisieren, den Sie nicht sehen können, benutzen Sie vermutlich zunächst Ihre Fingerspitzen. Können Sie damit den Splitter nicht fühlen, wechseln Sie wahrscheinlich auf ein empfindlicheres Organ über, die Spitze Ihrer Zunge. Zeichnet man eine Katze in derselben verzerrten Darstellung, entsteht ein Tier mit großem Kopf (vor allem Zunge und Nase wären riesig) und mächtigen Pfoten. Beobachten Sie, wie eine Katze zum ersten Mal ein neues Spielzeug untersucht, sich anschleicht oder versucht, eine unbekannte Beute zu erlegen: Zuerst berührt sie das neue Objekt vorsichtig mit einer Pfote, dann packt sie etwas fester zu und setzt schließlich die Untersuchung vorsichtig mit der Nase fort. Katzenpfoten reagieren sehr empfindlich auf Druck und Vibration – vermutlich können es Katzen daher nicht leiden, wenn man ihre Pfoten streichelt. Vielleicht fühlt es sich für sie an wie Kitzeln; dieser starke Reiz ist auch vielen Menschen unangenehm.

Merkwürdigerweise sind die empfindlichen Drucksensoren nicht sehr gut geeignet, um Wärme oder Kälte wahrzunehmen. Katzen spüren Temperatur nur mit Nase und Oberlippe. Damit messen sie die Temperatur ihrer Umgebung und der Nahrung. Winzige Kätzchen benutzen ihre empfindliche Nase, um zielsicher die Wärme des mütterlichen Körpers zu finden. Schon im Alter von einem Tag ist ein Kätzchen in der Lage, einem Temperaturgradienten zu folgen. Es meidet kühle, harte Oberflächen und sucht nach dem wärmsten, weichsten Platz – nach seiner Mutter.

Während Katzen mit Nase und Lippen die Temperatur der Umgebung und ihrer Nahrung bestimmen können, ist ihr übriger Körper recht unempfindlich gegenüber Wärme oder Kälte. Vermutlich aus diesem Grund muss manch ein Katzenbesitzer entsetzt feststellen, dass seine Katze auf eine heiße Herdplatte springt oder sich in der Glut eines Feuers zusammenrollt und das Fell verbrennt. Menschen schrecken vor Temperaturen zurück, die heißer sind als 44 °C; sie werden als unangenehm empfunden. Katzen halten es ohne Probleme noch bei 52 °C aus, daher können sie auch vor einem lodernden Feuer oder einem heißen Radiator sitzen und sich daran erfreuen.

Die Haut einer Katze ist mit Tastkörperchen besetzt (etwa 25 pro cm^2 Haut); hier enden druckempfindliche Nerven in der Unterhaut. Wenn man eine Katze mit feinem Wasserstrahl besprüht, beginnt sie zu zittern. Jedes einzelne Tastkörperchen der Haut reagiert immer dann, wenn es von einem Wassertropfen getroffen wird, sodass sich die Haut regelrecht zu Wellen zusammenzieht.

Mit den Augen einer Katze

Obwohl die Augen einer Katze ähnlich aufgebaut sind wie bei anderen Säugetieren, gibt es doch einige Besonderheiten. Höchstwahrscheinlich sehen Katzen vorwiegend in Schwarz-Weiß und können nur einige Farben wahrnehmen. Wenn man den Farbkontrast am Fernsehschirm so stark zurücknimmt, bis Blau und Grün gerade noch als Farbe zu sehen sind und sich das schwache Rot als Grau vorstellt, bekommt man einen ersten Eindruck davon, wie Katzen ihre Welt sehen.

Da die meisten Katzen in der Dämmerung jagen, wenn die Nagetiere unterwegs sind, brauchen sie keine Farben zu sehen. Im Zwielicht der Dämmerung wirken alle Farben schwach und fahl. Obwohl wir scheinbar noch alles recht gut erkennen, nehmen wir in Wahrheit keine Details mehr wahr. Daher ist die Gefahr von Autounfällen bei Dämmerung besonders groß, und den besten Schutz bietet weiße oder sehr helle Kleidung. Für die Augen der Katzen ist diese Zeit des Tages aber perfekt.

Zwar sehen Katzen nicht so detailreich wie wir bei hellem Tageslicht und können auch nahe Gegenstände nicht besonders gut auflösen (Katzen sehen optimal zwischen zwei und sechs Metern), dafür entgeht ihnen jedoch keine Bewegung. Besondere Nervenzellen im Gehirn einer Katze reagieren auf die kleinste Bewegung – für Jäger ein unschätzbarer Vorteil. Die blitzschnellen Reflexe einer Katze, in Verbindung mit ihrer Fähigkeit, Entfernungen abzuschätzen, und einer enormen Geschwindigkeit, lässt sie zielsicher jede Beute anspringen. Wenn die Beute jedoch erstarrt – viele Beutetiere nutzen dies als Abwehrstrategie – kann die Katze sie aus dem Auge verlieren. Hatte die Katze ihr Opfer allerdings vorher fixiert, beginnt sie sich hin und her zu bewegen. Damit verändert sie ihren Blickwinkel und kann das Ziel für den Sprung wieder ausmachen.

Im Verhältnis zur Kopfgröße haben Katzen sehr große Augen. Diese Kopf-Augen-Relation erinnert uns an den Anblick eines menschlichen Babys, vor allem bei Kätzchen, die wie Menschenbabys mit blauen Augen geboren werden. Wirklich bemerkenswert ist jedoch die Augenfarbe erwachsener Katzen, die in gelben, grünen, blauen, lavendel oder orange Tönen schillert. Dabei ist gerade dieser glänzende Teil des Auges (Iris) ohne Funktion. Sie gleicht der Lackierung eines Rennwagens, unter der sich die Technik versteckt. Die Muskeln der Iris verändern die Öffnung der Pupille und regulieren damit die Menge einfallenden Lichtes. In gewisser Weise stellt sie einen Vorhang dar, der das Licht abschirmen kann. Bei voller Sonne zieht sich die Pupille einer Katze zu einem schmalen Schlitz zusammen. Auf diese Weise fällt nur wenig Licht auf die lichtempfindliche Schicht im Auge (Retina) und schützt sie vor der grellen Sonne. Bei schwachem Licht nimmt die Iris eine andere Stellung ein, die Pupille ist weit geöffnet und lässt jeden verfügbaren Lichtstrahl durch.

Bei Sonnenuntergang herrscht für eine Katze keineswegs Dunkelheit. Sie kann ihre Pupille nicht nur bis zu einem Zentimeter Durchmesser weit öffnen (dann sieht ihr Auge schwarz aus), sondern eine reflektierende Zellschicht hinter der Retina (das so genannte Tapetum lucidum) wirft das schwache Licht ein zweites Mal durch die lichtempfindlichen Zellen zurück. Dieses spiegelartige Tapetum verleiht den Katzenaugen den goldenen oder grünen Schimmer, wenn sie nachts direkt angeleuchtet werden. Für die Ägypter war gerade dieser Effekt einer der Gründe, Katzen für heilige Tiere zu halten. Werden Katzen mit Blitzlicht fotografiert, erscheinen ihre Augen in einem fluoreszierenden Grün statt in dem üblichen warmen Gelb oder Orange – auch dies wird durch das spiegelnde Tapetum verursacht. Interessanterweise leuchten die blauen Augen einer Siamkatze blutrot, wenn sie mit Blitzlicht fotografiert werden, da ihr Tapetum etwas anders aufgebaut ist als bei den übrigen Katzen. Wer versucht, die wunderschöne Farbe von Katzenaugen im Bild festzuhalten, wird ziemlich enttäuscht sein, wenn auf dem Foto später zwei leuchtend grüne Punkte zu sehen sind. Man kann die natürlichen Farben von Katzenaugen nur im Tageslicht, etwa im Garten, in ihrer wahren Schönheit einfangen – sofern es gelingt, die Katze so lange ruhig zu halten.

Katzen können nicht nur ihre Pupillen weit öffnen und das Licht zweimal durch die Retina leiten, sie besitzen auch besonders empfindliche Sehzellen. Daher brauchen Katzen nur ein Sechstel der Helligkeit, die wir zum Sehen benötigen. Ihre Sehfähigkeit übertrifft sogar die mancher Messgeräte; vermutlich erscheint ihnen das Licht der Dämmerung noch wie der helle Tag.

Ein Katzenauge ist nicht nur ein hervorragendes Sinnesorgan, es bietet auch einen Einblick in die Stimmung der Katze. Vom Menschen sagt man, Augen seien das Fenster zu Seele; auch bei Katzen weitet sich die Pupille bei Freude, Angst oder Begeisterung ... doch davon später mehr.

„Sehen“ durch Fühlen

Sehen ist mehr als die Wahrnehmung von Licht durch die Augen – das kann jeder Blinde bestätigen. Viele Tiere „sehen“ mit Hilfe anderer Organe. Katzen benutzen ihre Schnurrhaare als sehr empfindliches Tast- bzw. Sehorgan. Wenn Sie Ihre Katze im Gegenlicht betrachten, werden Sie nicht nur ein Dutzend große Tasthaare auf der Oberlippe, sondern auch weitere über den Augen und am Kinn entdecken. Noch mehr dieser steifen Haare, sie werden Vibrissen genannt, sitzen auf den Ellbogen. Dort bilden sie eine Art Zentrum der Sensitivität; sie reagieren auf Bewegung, sogar auf leichten Wind, und können bei Bedarf „eingeschaltet“ werden.

Diese Sinneshaare entspringen in tieferen Hautschichten als normale Haare und wirken wie ein Hebel, d.h. sie verstärken selbst die kleinste Ablenkung. Dadurch werden Nervenenden gereizt, die der Katze eine genaue Information über die Umgebung liefern. Man vermutet, dass eine Katze kleinste Luftbewegungen in ihrer Umgebung spürt und so wahrnimmt, wenn ein Luftzug durch ein Objekt in Turbulenzen gerät – ein Objekt, dass sie nicht sehen kann. Diese Nervenimpulse fließen auf denselben Bahnen ins Gehirn wie die optischen Reize und erzeugen dort ein dreidimensionales Bild der Umgebung.

Katzen ohne Schnurrhaare fühlen sich sehr unsicher, wenn sie bei Dunkelheit unterwegs sind oder durch enge Spalten kriechen. Obwohl die im Dämmerlicht weit geöffneten Pupillen sehr viel Licht durchlassen, kann eine Katze in ihrer Nähe kaum noch scharf sehen. Sie ist also auf den Tastsinn angewiesen, um zu „sehen“, was direkt um sie herum vorgeht. Wird ein Tasthaar berührt, schließt die Katze sofort die Augen, damit sie nicht durch einen Zweig oder Gras verletzt werden. Für einen Jäger, der sich mit starrem Blick auf die Beute, durch Geäst, Höhlen oder Gras bewegt, ist dieser Reflex von lebenswichtiger Bedeutung. Katzen, die nicht gut sehen können, bewegen beim Laufen den Kopf ständig hin und her. Sie setzen ihre Schnurrhaare etwa so ein, wie ein Blinder seinen Taststock, um Hindernisse rechtzeitig zu bemerken. In den USA wurden blinde Hunde bereits mit künstlichen „Schnurrhaaren“ aus Plastik ausgerüstet, die an einem Kragen rechts und links des Gesichtes angebracht waren. Die Hunde haben sehr gut gelernt, sich mit Hilfe dieser „Blindenstöcke“ in bekannter Umgebung zu orientieren. Sie bemerken Hindernisse und bleiben stehen, wenn die Schnurrhaare den Bodenkontakt verlieren; auf diese Weise vermeiden sie, eine Treppe hinunterzufallen. Mit diesen Plastikschnurrhaaren können die Hunde wieder ein einigermaßen unabhängiges Leben führen – dank ihrer Katzenverwandten.

Katzen setzen ihre Schnurhaare auch bei der Jagd vor dem letzten, tödlichen Akt ein, unmittelbar, bevor sie Krallen und Zähne in ihr Opfer schlagen. Jede Jagd ist sehr erregend für eine Katze; der Körper wird durch das Hormon Adrenalin auf Hochspannung gehalten. Adrenalin führt auch zu einer Erweiterung der Pupillen, sodass die Katze in der Nähe nicht mehr scharf sehen kann – etwa die kleine Maus vor ihrem Maul. Um die richtige Position für den tödlichen Biss in den Nacken der Beute zu bestimmen, benutzt sie die Schnurhaare.

Wenn Sie ihrer Katze jemals genau ins Gesicht geschaut haben, dürften Ihnen die zahlreichen dunklen Flecken aufgefallen sein, die wie Schönheitsflecken zwischen den Schnurrhaaren auf der Oberlippe verteilt sind. Diese Flecken wurden bei Löwen genau untersucht und man fand heraus, dass sie wie ein Fingerabdruck ganz individuelle Unterschiede aufwiesen. Bis heute hat dies niemand bei Hauskatzen nachgeprüft – wir erkennen unsere Lieblinge an anderen Merkmalen – aber es ist doch eine sehr interessante Entdeckung.

Hören

Lange Zeit galt das Gehör unserer Hunde als besonders empfindlich. Vielleicht waren deswegen eine Zeitlang Ultraschallpfeifen in Mode. Man pfiff, hörte nichts, war aber fest davon überzeugt, dass der Hund die Töne hörte. Inzwischen sind die meisten Hundebesitzer wieder dazu übergegangen, zu rufen oder zu pfeifen. Offenbar vertrauen wir eher auf hör- oder sichtbare Signale, statt unsere Hunde auf einen Ultraschallton abzurichten. Katzen können sogar noch höhere Töne hören als Hunde – bis zu 60.000 Hz. Menschen hören gerade einmal 20.000 Hz hohe Töne, d.h. viele der Geräusche, die kleine Nagetiere von sich geben – die Hauptbeute der Katzen – nehmen wir gar nicht wahr.

Katzen haben äußerst bewegliche Ohrmuscheln, die sie unabhängig voneinander um 180° drehen können, d.h. sie nehmen Töne aus ihrem gesamten Umfeld wahr. Selbst eine in der Sonne „schlafende“ Katze bewegt noch ihre Ohren wie kleine Radarschüsseln, um die Umgebung nach Beute oder Gefahren abzusuchen. Jede Ohrmuschel wird von 30 Muskeln (wir haben nur sechs) bewegt, sodass Töne optimal zum inneren Ohr geleitet werden. Da eine Katze ihre Beute auch nach dem Gehör präzise ortet, kann sie sich bereits rasch und gezielt anschleichen, obwohl sie ihr Opfer noch gar nicht gesehen hat. Ein Beispiel für dieses verblüffende Verhalten möchte ich ihnen erzählen: An einem Sommerabend in unserem Garten sahen wir *Bullet*, unsere schwarz-weiße Straßenkatze und ein Spitzenjäger, mit einer eben gefangenen Maus auf dem Rasen. Mein Mann und ich wollten die Maus noch retten und rannten auf ihn zu. *Bullet* ließ die Maus fallen und verschwand. Wir suchten das Gras nach der Maus ab, weil wir sie in sicherer Entfernung wieder frei lassen wollten (sofern das mit dem lauernden *Bullet* überhaupt möglich war). Da wir groß waren und den „Tatort“ sofort gründlich absuchten, hofften wir, die Maus rasch zu finden. Plötzlich erschien *Bullet* von der Seite, griff sich zielsicher und elegant die Maus und verschwand in der Hecke. Obwohl wir die Maus direkt vor unserer Nase hatten, war es uns nicht gelungen sie zu entdecken. *Bullet* dagegen hatte das Opfer aus großer Entfernung gehört und es mit einer einzigen schnellen Bewegung gepackt. Wir blieben aus mehreren Gründe etwas verärgert zurück: Unsere Katze war einfach zu clever für uns, es war uns nicht gelungen, die Maus rechtzeitig zu finden, und wir hatten auch nicht daran gedacht, *Bullet* ins Haus zu bringen.

Es ist nicht immer einfach zu entscheiden, ob man ein Tier retten soll oder besser der Natur ihren Lauf lässt. Nach meinen zahlreichen Erfahrungen mit *Bullet*, der ein guter Jäger ist, habe ich beschlossen, ein Tier nur noch dann zu retten, wenn es unmittelbar gefangen wurde und noch nicht stark verletzt ist. *Bullet* bringt seine erbeuteten Mäuse oder Vögel oft mit ins Haus. Am sichersten entreißt man ihm die Beute, wenn man ein Handtuch über ihn wirft. Dann lässt er seine Beute fallen – eine erfolgreichere Strategie, als ihn in einen Kampf zu verwickeln. Meistens flattert der Vogel dann in der Küche umher und muss vielleicht hinter dem Kühlschrank gerettet werden, aber er ist nur geschockt, nicht ernstlich verletzt und kann wieder freigelassen werden. Leider muss ich zugeben, dass es mir noch nie gelungen ist, einen verletzten Vogel wieder gesund zu pflegen, daher überlasse ich *Bullet* augenscheinlich verletzte Tiere und hoffe, dass er sie rasch von ihren Qualen erlöst – das ist auf jeden Fall besser, als wenn ich durch falsche Pflege ihre Qualen noch verlängerte.

Selbst eine blinde Katze kann mit Hilfe ihres Gehörs und Tastsinns einem Spielzeug folgen, das man über den Boden zieht, und es sogar erfolgreich jagen. Ein Zuschauer wird erst dann stutzig, wenn das Spielzeug vom Boden abgehoben wird. Dann erzeugt es weder Vibrationen noch Reibung noch leise Geräusche, mit deren Hilfe die Katze die Position bestimmen könnte. Auf kurze Entfernungen kommen blinde Katzen mit ihrem scharfen Gehör und den Schnurrhaaren ziemlich gut zurecht. Obwohl die Welt einer Katze voller Geräusche ist, die zu hoch oder zu leise für uns sind, können wir diese Töne benutzen, um mit Katzen zu spielen.

Viele Katzen mögen z.B. das hochfrequente Knistern und Quietschen von Cellophanpapier, das sie an die Geräusche ihrer Beutetiere erinnert.

Dank ihres guten Gehörs nutzen Katzen ein reichhaltiges Repertoire an Tönen für die Kommunikation. Sie reagieren auf die hohen Töne fiepender Katzenbabys und setzen im Umgang mit uns und anderen Katzen weitere Töne ein. Französische Forscher fanden 1932 heraus, dass bestimmte scharfe „mi"-Laute von Katzen als sexuell stimulierend empfunden werden. Das Gejaule von Katern könnte andere Kater erregen oder abschrecken und die Katze empfängnisbereit machen. Einige Katzen reagieren auf bestimmte Töne von Instrumenten. Ein Forscher trainierte seine Katzen auf das C einer Flöte. Dabei fand er heraus, dass Katzen noch Abweichungen von einem Halbton unterscheiden können – eine Fähigkeit von der wir Menschen nur träumen können. Katzen gewöhnen sich an bestimmte Töne, z.B. die Schritte des Katzenbesitzers, den Klang eines Motors oder springen auf, wenn sie das Geräusch des Büchsenöffners oder der Schublade hören, in der das Futter aufbewahrt wird. Reagierten sie jedoch auf alle Töne, die ihr Ohr erreichen, würde ihr Gehirn mit Informationen überflutet; die Katze wäre kaum noch in der Lage, Töne zu unterscheiden, die Gefahr, Nahrung oder andere Herausforderungen bedeuten. Daher können sie hervorragend filtern: Unwichtige, bekannte Töne bilden einen unbeachteten Hintergrund, während jeder fremde, aufregende Laut deutlich wahrgenommen wird. Ähnliche Fähigkeiten entwickeln Menschen, die neben einem Bahngleis wohnen und kaum noch wahrnehmen, wenn ein Zug vorbeidonnert. Einige weiße Katzen werden taub geboren (dieser genetische Effekt ist an die Fellfarbe gekoppelt), andere verlieren ihr Gehör im Alter. Sofern alle übrigen Sinne gut funktionieren, bedeutet dies keine Einschränkung der Lebensqualität. Wie taube Menschen lernen auch Katzen, mit den Füßen zu „hören". Sie spüren die Vibrationen des Bodens, die wir sehenden und hörenden Menschen gar nicht mehr wahrnehmen können.

Riechen und Schmecken

Bisher sind wir in Sinneswelten einer Katze eingedrungen, die uns noch relativ nahe sind: Wir können uns vorstellen, wie sie schwache Farben sieht und in der Dämmerung alles perfekt erkennt, wir wissen um die „sehenden“ Schnurrhaare und „hörenden“ Füße, doch jetzt treten wir in eine völlig fremde Welt ein. Katzen erleben Gerüche so intensiv, als würden sie durch unterschiedliche Farben, Strukturen und Geschmäcker schwimmen. Jeder Geruch versorgt sie mit Informationen über ihre Umgebung – aus der Gegenwart und der Vergangenheit. Wir selbst können relativ gut sehen und hören, unser Geruchssinn ist jedoch im Verhältnis zu einer Katze völlig unterentwickelt.

Katzen besitzen dieselben Riechsinneszellen wie wir. Sie sitzen in der Nase und analysieren die eingeatmete Luft. Bei der Katze ist die Gesamtfläche dieser olfaktorischen (Riech-) Zellen etwa so groß wie ein Taschentuch und damit doppelt so groß wie bei uns. Mit insgesamt rund 200 Millionen Riechzellen ist der Geruchssinn einer Katze dem unseren weit überlegen. Hunde besitzen sogar noch mehr Riechzellen, doch sie müssen damit ihre Beute aufspüren. Katzen folgen keinen Fährten, sie benutzen bei der Jagd Gehör und Augen. Ihr Geruchssinn wird daher vorrangig für die Kommunikation eingesetzt: Welche Botschaften und Zeichen haben ihre Artgenossen hinterlassen, was stammt von Menschen und anderen Haustieren?

Mit den Geschmacksknospen auf der Zunge erkennt eine Katze den Geschmack von Dingen, die sie ableckt oder kaut. Katzenzungen sind sowohl Kämme wie Geschmacksorgane. Mit nach hinten gerichteten Häkchen auf der Zungenmitte halten Katzen ihre Beute fest, lecken Nahrung auf oder entfernen Knötchen aus dem Fell. Die Sinneszellen auf der Zunge nehmen Temperatur und Geschmack wahr – sogar den von Wasser. Andererseits können Katzen nicht „süß“ schmecken. Was manche Schleckermäuler an Schokolade und Kuchen schätzen, ist daher nur schwer zu ergründen. Allerdings ist diese fehlende Fähigkeit nicht überraschend, denn als Fleischfresser reagieren Katzen vor allem auf den Geschmack von Eiweißen. Fette in verschiedenen Fleischsorten schmecken nicht nur unterschiedlich, Katzen können sie alleine am Geruch unterscheiden. Viele Feinschmecker verweigern Hähnchen oder Rindfleisch und verlangen nach geräuchertem Lachs, auch wenn sie nur im Vorbeigehen kurz schnuppern.

Als ob ein sehr gutes Riechvermögen und selektiver Geschmack noch nicht genug wären, verfügen Katzen über eine zusätzliche Möglichkeit, Geschmack und Geruch zu kombinieren. Wenn Katzen die Luft mit den darin enthaltenen Molekülen in ihr Maul aufnehmen, wird sie mit der Zunge gegen den Gaumen gedrückt. Dort sitzt ein knorpeliges Organ, das sich direkt hinter den Vorderzähnen öffnet. Dieses Jacobsonsche Organ hilft den Katzen dabei, Geruch und Geschmack optimal miteinander zu kombinieren. Wenn ein Kater beispielsweise bestimmte Gerüche wie den Urin einer rolligen Katze wahrnimmt, zeigt er ein charakteristisches Verhalten: Er bleibt stehen, streckt den Hals, öffnet das Maul und zieht die Oberlippe hoch. Auf diese Weise kann er große Mengen Luft direkt in das Jacobsonsche Organ einsaugen und analysieren. Dieser Vorgang läuft unabhängig von der normalen Atmung ab und wird Flehmen genannt. Es wird auch von anderen Tieren wie Pferden und Hirschen gezeigt, ist dort allerdings wegen der Größe der Tiere besser zu sehen. Außerdem leben diese Huftiere in starken sozialen Verbänden, zeigen das Flehmen also wesentlich häufiger.

Obwohl das Flehmen gewöhnlich eher von Katern gezeigt wird, die den Urin von Katzen untersuchen, sieht man es bei beiden Geschlechtern, selbst wenn das Tier sterilisiert wurde. Mir fiel das Flehmen bei unserer Katze *Flirt* zum ersten Mal auf, als sie eine feuchte Windel unseres Babys untersuchte. Ähnlich auffällig flehmen Katzen in der Nähe von Katzenminze. Sie enthält eine chemische Verbindung, die bei etwa 50 % aller Katzen dasselbe Verhalten auslöst: Sie treteln, rollen und reiben sich auf dem Boden wie vor einer Paarung, miauen und regen sich häufig regelrecht auf. Vielleicht gleicht der Duft der Pflanze dem einer rolligen Katze. Es gibt auch Vermutungen, wonach Katzenminze die Empfindlichkeit der Haut verändern und die Hautdrüsen stimulieren soll. Die Katze beginnt sich an allem zu reiben, was in ihrer Nähe liegt. Auch hier scheinen nicht kastrierte Kater stärker zu reagieren. Da auch viele Katzen diesen chemischen Reiz offenbar genießen, wird der Duftstoff in gewissen Katzenspielzeugen verwendet. Vielleicht könnte man den Effekt der Katzenminze mit Drogen wie Marihuana oder LSD vergleichen, obwohl Katzenminze kürzer wirkt und ohne Nachwirkungen bleibt. Übrigens ist dieser Effekt nicht auf Hauskatzen beschränkt; auch afrikanische Löwen reagieren auf den Duft mit Beißen, Rollen und Reiben.

FLEHMEN

Das Flehmen werden Sie nur zu sehen bekommen, wenn Sie ihre Katze sehr sorgfältig beobachten. Sie hebt den Kopf an und zieht die Lippen leicht zurück. Dabei saugt sie die Luft durch ein spezielles Organ im Gaumendach, um Geruch und Geschmack zu prüfen. Etwa 50 % aller Katzen beginnen zu flehmen, wenn sie die Katzenminze riechen. Sie soll auf Katzen eine ähnliche Wirkung haben wie LSD beim Menschen. Allerdings ist der Effekt kurzlebig, harmlos und führt nicht zur Abhängigkeit. In manchen Katzenspielzeugen wird der Geruch verwendet, um das Miauen, Rollen und Reiben auszulösen – ein weiterer Effekt des Stoffes.

Alte oder kranke Katzen, insbesondere wenn ihre Atemwege erkrankt sind, können ihre Geschmacks- und Geruchsfähigkeit verlieren; dann lässt ihr Appetit nach. Bietet man ihnen Nahrung an, die auf Körpertemperatur erwärmt wurde oder stark duftenden, geräucherten Fisch oder Leber werden ihre Geschmacksknospen wieder stärker gereizt und sie haben wieder Appetit.

Sobald wir akzeptieren, dass der Geruch zu den stärksten Sinnen einer Katze gehört, und wie eindrucksvoll er ihr ein Bild ihrer Umwelt vermittelt, dann können wir auch die Fress- und Reinigungsgewohnheiten, sowie das Verhalten einer Katze besser verstehen.

Ein sechster Sinn?

Seit langem kennt man Geschichten von außergewöhnlichen Katzen, die Naturkatastrophen oder Wetterveränderungen voraussagen können. Die meisten Berichte beziehen sich auf Katzen, die vor Stürmen, Vulkanausbrüchen, Erdbeben oder sogar Luftangriffen ein merkwürdiges Verhalten zeigten. So konnten sich viele Familien während des Zweiten Weltkrieges darauf verlassen, dass ihre Katze noch vor den warnenden Sirenen unruhig wurde. Andere Geschichten erzählen von Katzenmüttern, die ihre Jungen aus dem Haus an eine sichere Stelle brachten, bevor es von Überschwemmungen oder Erdrutschen beschädigt wurde; oder auch von Zimmerkatzen, die unbedingt ins Freie wollten. Inzwischen gibt es so viele Berichte von Katzen, die das kalifornische Erdbeben von 1979 frühzeitig wahrnahmen, dass amerikanische Wissenschaftler eine Studie begonnen haben: Sie untersuchen mit Hilfe von 10.000 Freiwilligen das Verhalten von über 200 Haustierarten im Vorfeld von Erdbeben. Wenn einer der Freiwilligen ein ungewöhnliches Verhalten bemerkt, ruft er die Erdbebenspezialisten über eine Hotline an. Ähnliche Untersuchungen sind auch aus China bekannt. Dort wurde aufgrund des Verhaltens von Katzen und anderer Tiere 1975 Haicheng rechtzeitig evakuiert; kurz danach verwüstete ein gewaltiges Erdbeben die gesamte Region. Auch alle Katzen waren rechtzeitig verschwunden. Wer in einer von Erdbeben gefährdeten Region lebt, ist dankbar für jede Art von Frühwarnsystem!

Es gibt mehrere Theorien, auf welche Weise Katzen solche Ereignisse vorhersagen. Bei starken Gewittern lädt sich die Luft mit enormen Mengen an Elektrizität auf. Die dabei entstehenden elektromagnetischen Wellen breiten sich über Hunderte von Kilometern aus. Die Luft enthält positiv geladene Ionen, die angeblich die Konzentration bestimmter chemischer Stoffe im Gehirn beeinflussen sollen. Manche Menschen bekommen daher unmittelbar vor einem Gewitter Kopfschmerzen. Vielleicht ist ein Katzengehirn noch um vieles empfindlicher; die Ionen könnten ihre Stimmung und Verhalten dramatisch verändern. Möglicherweise nutzen Katzen ihr Jacobsonsches Organ, um die Moleküle aus der Luft zu analysieren und können so starke Veränderungen frühzeitig erkennen – etwa Gase oder Rauch aus einem Vulkan, der kurz vor dem Ausbruch steht. Von manchen Katzen ist bekannt, dass sie unmittelbar vor einem Regenschauer ihre Ohren reiben, vermutlich um einen Druckausgleich mit dem inneren Ohr herzustellen.

Da Füße und Schnurrhaare einer Katze sehr empfindlich auf Vibrationen reagieren, nehmen sie vielleicht die feinsten Erschütterungen wahr, die ein Erdbeben ankündigen. Wenn man berücksichtigt, dass Katzen Vibrationen spüren, Ultraschall hören und magnetische Veränderungen wahrnehmen, dann könnte ein nahender Sturm oder ein bevorstehendes Erdbeben für eine Katze genauso real sein wie eine Sirene für uns. Damit wäre es durchaus denkbar, dass sie eine Katastrophe bereits um Stunden früher wahrnehmen als Menschen.

Selbst wenn sich die Empfindlichkeit von Katzen gegenüber Erdbeben und anderen physikalischen Phänomenen wissenschaftlich beweisen ließe, so bleiben doch noch weitere verblüffende Vorahnungen von Katzen übrig – ein echter „sechster Sinn“. In vielen Erzählungen wird von Katzen berichtet, die erahnen, wenn ihr Besitzer nach langer Abwesenheit und ohne Vorankündigung zurück kommt. Außerdem kennen wir viele belegte Fälle – nicht nur Anekdoten – von Katzen, die Hunderte von Kilometern unterwegs waren, weil man sie im Urlaub vergessen hatte oder die nach einem Umzug ins alte Heim zurückkehrten. Katzen haben einen bemerkenswerten Orientierungssinn. Vielleicht verfügen sie über einen inneren Kompass, mit dem sie ähnlich wie eine Brieftaube nach Hause zurückfinden. Außerdem besitzen sie eine genaue innere Uhr, d.h. sie werden die Kinder, die von der Schule nach Hause kommen, zur richtigen Zeit erwarten und begrüßen, bzw. zur immer derselben Fütterungszeit auf ihren Napf warten.

Noch ungewöhnlicher sind die Geschichten von Katzen, die zurückgelassen wurden und aufbrachen, um ihren Besitzer in großer Entfernung wieder zu finden – an Orten, wo sie niemals zuvor gewesen sind. In diesen Themenkreis gehört die Geschichte einer Katze, deren Besitzer 200 km weit wegzogen. Am Tage des Umzuges war die Katze verschwunden; sie tauchte einige Zeit später am neuen Haus auf! Wie eine solche Katze die Richtung bestimmt und wie sie dann am Zielort genau das richtige Haus findet, bleibt ein Geheimnis. Immerhin sind solche Ereignisse keine Einzelfälle. Es gibt viele Berichte über merkwürdige Geschehnisse; sie sollten uns zu denken geben, zu welchen Leistungen manche Katzen fähig sind.

▸ TIPPS: Einblicke in die Welt der Katzen

Benutzen Sie Ihre Fantasie und schlüpfen Sie in die Haut Ihrer Katze, sehen Sie durch ihre Augen und eine neue Welt wird sich ihnen öffnen. Stellen Sie sich vor:

- Jedes Mal, wenn Sie den nackten Fuß auf den Boden setzen, spüren Sie die Strukturen und Vibrationen des Bodens so deutlich, als gingen Sie auf den Händen.
- Wenn Sie eine hoch gelegene Stelle erreichen wollen, können Sie aus dem Stand fast sieben Meter hoch springen.

- Sie lassen sich vom höchsten Sprungturm fallen und statt mit dem Bauch auf das Wasser zu klatschen, drehen Sie sich wie ein Akrobat in der Luft und landen auf den Füßen.
- Sie können ihre Wirbelsäule so stark drehen, dass Sie ihren Rücken mit der Zunge erreichen und Ihr Bein über den Kopf legen können.
- Ihr Körper ist fast unempfindlich gegenüber Temperaturen, aber Ihre Nase und Lippen sind so empfindlich wie die Fingerspitzen.
- Sie nehmen ihre Umwelt nur in schwachen blauen und grünen Tönen wahr; die Ränder des Bildes sind unscharf.
- Sie können nachts auch bei fast völliger Dunkelheit noch recht gut sehen – etwa so wie mit einem Nachtsichtgerät.
- Auf ihrem Gesicht wachsen Haare, mit denen Sie selbst den kleinsten Lufthauch spüren – feiner als ein Spinnennetz, das Sie im Dunkeln berühren.
- Sie können noch das leiseste Quietschen hören und orten eine Maus auf Zentimeter genau.
- Wenn Sie mit geschlossenen Augen einen Raum betreten, riechen Sie nicht nur wer darin ist, sondern auch, wer ihn vor kurzem verlassen hat.
- Ihr Geruchssinn ist so gut, dass Sie verschiedene Fleischsorten am Duft erkennen.

Die Sprache der Katzen

Katzen benutzen ihre fantastischen Sinne nicht nur, um sich die täglichen Mahlzeiten zu sichern. Sie helfen ihnen vielmehr dabei, ein reiches und komplexes soziales Leben zu führen. Katzen kommunizieren mit anderen Katzen über Körpersprache, Töne und Düfte. Wenn wir nur aufmerksam genug zusehen, können wir diese Körpersprache verstehen, selbst wenn uns vermutlich die Feinheiten entgehen. Auch die Lautäußerungen wie Rufe, Miaus und Schnurren nehmen wir wahr. Nur das dritte Medium, der Geruch, bleibt uns verborgen – außer wir haben das „Glück" von einem Kater mit Urin bespritzt zu werden. Allerdings gehört gerade der bei Katzen besonders stark ausgeprägte Geruchssinn zum festen Bestandteil ihres täglichen Lebens.

Duft-Sprache

Ein blindes, schutzloses, eben geborenes Katzenbaby wird mit Hilfe seiner bereits hoch entwickelten Wahrnehmung von Düften, Berührungen und Wärme die Zitzen seiner Mutter finden und jedes mal dorthin zurückkehren, wenn es hungrig ist. Die Katzenmutter erkennt ihre Jungen am Geruch, imprägniert sie aber auch mit ihrem charakteristischen Eigenduft. Schon zu diesem frühen Zeitpunkt hat sich die Bedeutung der Duft-Sprache etabliert.

Austausch von Düften

An bestimmten Hautbereichen einer Katze – Kinn, Lippen, Schläfe und Schwanzbasis – münden Talgdrüsen, die ein öliges Sekret abgeben, eine Art Visitenkarte jeder Katze. Mit diesem Duft markieren Katzen ihr Revier, andere Katzen, Menschen und andere Tiere, die zur Gruppe gehören. Während Sie ihre Katze streicheln, reibt sie ihr Kinn, Lippen und den Kopf gegen Ihre Hand. Berührt man eine Katze an diesen Stellen, gefällt ihr das besser, als wenn man nur Kopf und Rücken streichelt. Indem wir eine Katze kraulen, breiten wir ihren Duft weiter aus und vermischen ihn mit unserem Eigenduft. Löwen reiben die Köpfe aneinander und erzeugen damit einen gemeinsamen Gruppengeruch, der allen Mitgliedern des Rudels anhaftet. Auf diese Weise erkennen sie sich wieder und identifizieren jeden Eindringling sofort. Ein Neuling, der sich in die Gruppe integrieren möchte, muss diese Gruppenidentität übernehmen. Bis er endgültig akzeptiert ist, werden ihm die anderen noch mit Misstrauen begegnen; er muss sich das Vertrauen erst verdienen. In der Eingewöhnungsphase nimmt der Neuling nach und nach den Gruppengeruch an und ändert ihn gleichzeitig, da er seinen Eigengeruch mit in den „Duftcocktail" einbringt. Schließlich ist er vollwertiges Mitglied der Gruppe, wird an seiner Visitenkarte erkannt und von den anderen akzeptiert; so wie wir einen Menschen an seinem Aussehen wiedererkennen.

Obwohl wir dies selten bewusst wahrnehmen, verfügen auch Menschen über eine gewisse Fähigkeit, Gruppenmitglieder am Duft zu erkennen. Experimente mit getragenen T-Shirts haben gezeigt, dass Mütter den Duft ihrer Babys und Kinder schon wenige Tage nach der Geburt wiedererkennen. Andere Menschen erkennen ihren Familienduft in T-Shirts, die Mutter und Kind getragen hatten, aber auch den Geruch des Partners bzw. ihren eigenen Duft. Offenbar blieb uns die Fähigkeit erhalten, den „Rudelduft" zu identifizieren. Allerdings versuchen wir unser Bestes, mit Seifen, Parfüm und Deodorants jeglichen natürlichen Duft zu übertönen. Wir empfinden unseren eigenen Körpergeruch als unsauber; dabei enthalten einige der teuersten Parfüms die Düfte aus den Analdrüsen verschiedener Tiere, z.B. auch von Zibetkatzen, katzenartigen Tieren aus Afrika und Asien.

Auch eine Hauskatze erkennt ihre Gruppe, das Haus und ihr Revier am Geruch. Mischt sich ein neuer Duft ein, etwa der eines neu geborenen Babys oder eines neuen Möbelstücks, verändert sich der vertraute Reviergeruch und die Katze ist für eine gewisse Zeit verunsichert. Manche Katzen reagieren sehr sensibel auf solche Veränderungen und werden unruhig; bei gewissen Düften verspritzen sie sogar Urin. Damit versuchen sie, diesen aufdringlichen, fremden Geruch los zu werden, indem sie ihn mit ihrem Eigengeruch übertönen – nur so kehrt wieder die Ruhe des vertrauten Duftes ein. Später in diesem Buch werde ich einige Tipps geben, wie man solche Probleme erkennt und behebt.

Subtile Botschaften

Wenn sich zwei Katzen begegnen, die sich gut kennen, reiben sie Köpfe, Flanken und Schwänze aneinander. Dabei tauschen sie Düfte und Grüße aus, etwa wie Menschen, die sich die Hände schütteln und einige freundliche Worte wechseln. Mit steil aufgerichtetem Schwanz beschnuppern sie gegenseitig ihre Analregion – dort sitzen Drüsen unter und über dem Schwanz. Vielleicht ist Ihnen beim Streicheln einer Katze aufgefallen, dass sie sich auf die Zehen stellt und das Hinterteil nach oben reckt, während Sie ihr mit der Hand über den Rücken streicheln. Auf diese Weise gibt sie stärkeren Duft ab und bietet Ihnen damit die Gelegenheit, den Duft zu überprüfen. Katzen, die sich waschen, strecken ihre Hinterbeine nach vorn und lecken sich von der Analregion nach außen Richtung Oberschenkel und Schwanz. Auf diese Weise verteilen sie den Duft aus den Analdrüsen auf eine Fläche, die beim normalen Gehen durch den Schwanz abgedeckt wird. Auch bei der Fellpflege verteilt eine Katze ihre nun verstärkt gebildeten Sekrete über eine größere Fläche. Wenn Katzen eine andere Katze oder einen bekannten Menschen treffen, heben sie den Schwanz. Damit setzen sie Düfte frei, die der andere näher untersuchen kann.

Gewöhnlich hinterlassen Katzen überall in ihrem Revier Duftmarken, die von anderen Katzen untersucht werden. Sie reiben sich an Zweigen oder Blättern und verteilen ein öliges Sekret mit ihrem Duft. Häufig sieht man auch Katzen, die ihr Kinn über die Spitze eines Stocks streichen und dann die Lippen schürzen, um zusätzlich Sekrete aus dem Umkreis ihres Maules abzugeben. Andere Katzen zeigen großes Interesse an solchen „Duftstöcken" und markieren im Vorbeigehen ihren eigenen Duft darüber. Indem sie den Duft analysieren, erkennen sie, wer wann in welcher Richtung hier vorbei gekommen ist und hinterlassen eine eigene Botschaft. Auf diese Weise teilen sie sich nicht nur anderen Katzen mit, sondern die Markierung gibt ihnen das Gefühl von Sicherheit.

Kleine Durchlässe in Zäunen und Hecken nehmen den Körpergeruch, das Körperöl und Haare jeder Katze auf, die sich hindurchquetscht. Auch solche Passagen dienen dazu, das Revier einer Katze zu markieren.

Da sich viele Katzen ihr Revier mit anderen Katzen teilen müssen, legen sie viel Wert darauf, immer wieder ihren Eigengeruch zu verteilen, um sich heimisch zu fühlen. Vielleicht kann man dieses Verhalten mit einem Hotelgast vergleichen, der seine Koffer auspackt und vertraute Dinge im Zimmer verteilt – so fühlt er sich zu Hause. Früher dachte man, dass jede Katze ein eigenes Revier besitzt, das von keiner anderen Katze verletzt wird. Bei der hohen Katzendichte in vielen Städten ist dies jedoch kaum möglich. Allerdings gelingt es einer dominanten Katze meist, ein bestimmtes Revier zu bestimmten Zeiten – insbesondere den günstigen Jagdzeiten morgens und abends – ungestört zu betreten. Zu jenen Zeiten werden andere Katzen das Revier meiden, benutzen es aber selbst, wenn die dominante Katze seltener zu erwarten ist – etwa um die Mittagszeit. Auf diese Weise besetzen zwar alle dasselbe Revier, allerdings zu unterschiedlichen Zeiten.

REIBEN

Katzen reiben sich an allen möglichen Gegenständen in Haus und Garten, dazu an Menschen und anderen Tieren. Dabei geht es ihnen nicht nur um die Lust an der Berührung, sondern auch um die Platzierung subtiler Duftbotschaften. Drüsen um Kinn und Lippen und an der Schwanzbasis scheiden einen persönlichen Duft aus, mit dem eine Katze ihr Revier und die Freunde parfümiert; sie erzeugt also einen Revier- und einen Gruppenduft.

Kratzen und Schnüffeln

Obwohl Katzen überall auf der Haut Schweißdrüsen besitzen, sind nur jene auf den Fußsohlen den unseren ähnlich. Wenn Katzen schwitzen oder sich fürchten, scheiden diese Schweißdrüsen eine wässrige Flüssigkeit aus. Dann hinterlassen sie feuchte Spuren auf dem Fußboden. Der Schweiß hält die Fußsohlen feucht; die Haut bleibt geschmeidig und bildet keine Schuppen (bei Hundepfoten tritt dies häufig auf), d.h. sie bleibt empfindlich und elastisch. Vor allem nachts braucht eine jagende Katze ihre empfindlichen Fußsohlen: Wenn sie ein Opfer fixiert hat, ist sie auf die tastenden Füße angewiesen.

Katzen, die ihre Krallen über Baumrinde, Türen oder Sessel ziehen, schärfen damit nicht nur ihre wichtigsten Waffen (beim Kratzen entfernen sie die brüchige Oberfläche der Krallen und legen die scharfen Spitzen frei), sondern versehen die sichtbaren Rillen auch mit ihrem Duft. Kratzbäume sind daher viel mehr als Orte, um die Krallen zu schärfen und sich zu recken; hier hinterlassen Katzen eindeutige Visitenkarten im Revier. Katzen, die ihre Krallen im Beisein anderer Katzen schärfen, beweisen damit sogar ihr Selbstbewusstsein. Für dominante Katzen ist dieses Krallenschärfen so etwas wie typisches „Macho-Gehabe“.

URINIEREN UND KRATZEN

Beim Urinieren nehmen Katzen eine charakteristische Stellung ein: Sie zittern und heben dabei den Schwanz hoch, treten von einem Bein auf das andere und spritzen eine kleine Menge Urin auf eine senkrechte Fläche. Auch beim Kratzen hinterlässt eine Katze deutliche Marken – es gilt nicht nur, die Krallen zu schärfen – denn aus den Schweißdrüsen auf ihren Fußsohlen tritt ein duftendes Sekret aus, das sich über den Kratzern verteilt.

Eindeutige Botschaften

Reiben mit dem Körper und Kratzspuren hinterlassen subtile und sehr persönliche Botschaften. Sie dienen der Kommunikation und zeigen die Präsenz einer bestimmten Katze an. Im Garten und überall in direkter Nähe ihrer eigentlichen Wohnung hinterlassen sowohl Katzen als auch Kater weitere, sehr eindringliche Botschaften – sie verspritzen Urin. Dieses Verhalten zeigen übrigens auch die kastrierten Tiere, obwohl es häufig nur den fortpflanzungsfähigen männlichen Katern zugeschrieben wird.

Beim Markieren mit Urin nehmen Katzen eine charakteristische Stellung ein: Sie heben den Schwanz, beginnen zu zittern und treten beim Urinieren mit den Hinterfüßen auf und ab. Dabei geben sie einen fein zerteilten Strahl von nur einem Milliliter Urin ab, den sie auf eine auffällige, senkrechte Oberfläche sprühen. Zwar verwenden alle Katzen Urin und Kot als Reviermarken, doch ein in Nasenhöhe gesetzter Urinstrahl wirkt besonders eindringlich, insbesondere wenn er von einem Kater stammt, der ihm noch einige Duftstoffe aus seinen Analdrüsen zugesetzt hat. Angeblich können Katzen diesen Geruch an einem windstillen Tag noch aus zwölf Meter Entfernung wahrnehmen. Das Signal behält, je nach Wetterlage, seine Wirkung bis zu zwei Wochen. Noch mehrere Tage nach dem Markieren vermag eine vorbeilaufende Katze aus der Markierung einiges über den Erzeuger abzulesen. Die Substanzen zersetzen sich gleichmäßig (sofern sie nicht durch Regen oder Wasser abgewaschen werden), sodass eine Katze nicht nur den Zeitpunkt der Markierung, sondern auch Alter, Geschlecht und vielleicht sogar die Identität des Verursachers feststellen kann. Mit Hilfe ihrer Duftmarken können Katzen in mehreren Revieren präsent sein und ihre Urinmarken wie Flaggen überall dort aufstellen, wo andere Katzen und Kater vorbeikommen.

Wenn Sie ihre Katze im Garten beobachten, werden Sie diese Markierungsplätze rasch lokalisieren. Beobachten Sie, wie die Markierungen gesetzt werden, wie andere Katzen sie wahrnehmen und vielleicht sogar eigene Botschaften darüber markieren. Wer noch genauer beobachtet, wird auch die „Duftstöcke" finden, an denen eine Katze ihr Kinn reibt. Sofern in Ihrer Gegend einige wilde Katzen leben, vor allem mehrere nicht kastrierte Kater und Katzen, werden Sie feststellen, dass die Markierungen deutlich intensiver werden – teilweise so stark, dass wir Menschen sie riechen können! Die Harnsäure im Urin ist übrigens so aggressiv, dass Holz verrottet, Eisen und andere Metalle angegriffen und Pflanzen geschädigt werden.

Insbesondere Kater hinterlassen an der Grenze ihrer Reviere regelmäßig Kot und Urin und markieren viel besuchte Pfosten.

Beliebt sind auch Baumstümpfe oder die Mitte von Gehwegen, über die regelmäßig andere Katzen gehen. Sehr viele Wildtiere nutzen ähnliche Markierungsstrategien über viel frequentierten Wildwechseln. Düfte sind ein sehr effektives Kommunikationsmittel, vor allem da Katzen oft in der Dunkelheit unterwegs sind, wenn die sichtbaren Zeichen eines Revierbesitzers, wie Kratzspuren, kaum erkennbar sind – einen starken Geruch kann eine Katze zu jeder Tageszeit wahrnehmen!

Übrigens sorgen auch wir selbst dafür, dass fremde Düfte in das Territorium unserer Katzen übertragen werden. Wenn wir über einen Gehweg laufen, der von anderen Katzen oder Hunden benutzt wird, tragen wir deren Duft mit unseren Schuhen nach Hause. Wenn wir unseren Wagen in einer fremden Straße parken, reizt er mit all seinen aufregenden Düften die dortigen Katzen zum Übermarkieren. In solchen Fällen schleppen wir neue Gerüche ins Haus, die dann wiederum von unserer Katze als „fremd“ erkannt werden – sie vermutet einen neuen Rivalen in ihrem Revier.

Mir ist der Fall einer Katze bekannt, die plötzlich im Hause ihres Besitzers Urinmarken setzte. Das Verhalten begann, nachdem der Sohn ein neues Fahrrad zum Geburtstag bekommen hatte. Um es zu sichern, brachte er es jeden Abend in den Flur und schleppte damit eine ganze Duftwolke fremder Katzengerüche auf den Reifen ins Haus. Die Katze roch diese überaus störenden Düfte und begann sich unsicher zu fühlen. Also versuchte sie, die unsichtbaren Rivalen durch eigene Markierungen zu bekämpfen. Nachdem das Fahrrad nachts in einen sicheren Platz in die Garage kam, beruhigte sich die Katze sofort und stellte auch das Markieren mit Urin ein.

Ähnlich liegt auch der Fall einer Zimmerkatze, die nie die Wohnung verließ. Ihre Besitzer konnten das Markieren stark reduzieren, nachdem sie sich angewöhnten, die Straßenschuhe auszuziehen und vor der Tür zu lassen. Da sich die Katze nun wieder sicher im eigenen Revier fühlte, stellte sie das Urinieren ein. Vor allem Katzen, die ständig innerhalb der Wohnung bleiben, haben eine sehr präzise Vorstellung ihres „Höhlengeruchs“ und reagieren selbst auf kleinste Veränderungen. Die meisten Katzen kommen allerdings mit neuen Gerüchen ganz gut zurecht. Diese Missgeschicke sind jedoch ein guter Beleg dafür, wie sensibel Katzen auf die Geruch-Sprache reagieren, und dass wir uns der Bedeutung von Duftmarken stets bewusst sein sollten.

Körper-Sprache

Die Unabhängigkeit der Katzen und ihre Jagdtechnik sind sprichwörtlich. Anders als Hunde kooperieren sie weder bei der Jagd noch schließen sie sich zu schützenden Rudeln zusammen. Daher fehlen ihnen typische Verhaltensweisen, die eine soziale Kommunikation im Rudel erst ermöglichen. Andererseits können sie sich durchaus anderen Katzen anschließen, nicht nur während der Paarung oder Jungenaufzucht, sondern auch für echte soziale Interaktionen. Katzen haben eine komplexe Körpersprache – Verhaltensforscher haben 25 unterschiedliche Signale festgestellt, die in 16 Kombinationen verwendet werden; vermutlich gibt es noch weitere unauffälligere Nuancen des Verhaltens. Für den Katzenbesitzer reicht es jedoch bereits aus, wenn er die grundlegenden Signale seiner Katze kennt. Auf diese Weise kann er verstehen, was seine Katze empfindet und was sie „sagt“.

Die meisten Begegnungen zwischen fremden Katzen finden im Freien statt. Vor allem in dicht bebauten Vorstädten treffen sehr viele Katzen auf kleinem Raum aufeinander. Besonders heftig fallen die Körpersignale zwischen rivalisierenden Katern aus, insbesondere während der Paarungszeit. Da sehr viele Hauskatzen kastriert sind und wir sie nur selten konsequent im Freien beobachten, bleibt für die meisten von uns nur übrig, die weniger dramatischen Interaktionen von Katzen untereinander und von Katzen mit anderen Haustieren bzw. mit uns zu beobachten.

Die attraktivsten Verhaltensweisen zeigen spielende Katzen. Sowohl Kätzchen wie größere Katzen spielen uns eine sprechende

Pantomime von Jagd, Kampf und Partnerwahl vor – ihr gesamtes Repertoire an sozialen Äußerungen. In gewisser Weise gleichen solche Spiele den rituellen Tänzen mancher Stämme, bei denen ebenfalls Kriege und Brautwerbung als Lernprozess und soziale Interaktionen vorgeführt werden. Fast immer kommen Katzen, die sich eine Wohnung teilen, gut mit anderen Katzen zurecht. Sollten dennoch Spannungen auftreten, hat der Katzenbesitzer gute Chancen, ein noch breiteres Spektrum des Verhaltensrepertoires seiner Katzen zu sehen.

Die Begegnung zweier Katzen endet allerdings nur selten im Kampf – sogar rivalisierende Kater machen da keine Ausnahme. Ziel einer jeden Sprache ist es ja gerade, Botschaften zu übermitteln und damit eine Konfrontation zu vermeiden oder zu beenden, bei der das Risiko einer Verletzung droht. Jeder Angreifer wird daher seinem Gegner seine Absicht durch die Körpersprache mitteilen, um letztlich ohne den Einsatz von Zähnen und Krallen wieder verschwinden zu können. Häufig starren sich Katzen über längere Zeit an (ab und zu begleitet von einer Lautäußerung); das reicht aus, um den Stärkeren zu ermitteln. Ein dominanter Angreifer geht dann einfach einige Schritte zur Seite, ohne den Unterlegenen weiter anzustarren, setzt sich hin und beginnt sein Fell zu pflegen; menschliche Beobachter bemerken oft gar nicht, was gerade vorgegangen ist.

In diesem Kapitel habe ich die Körpersprache in die Sprache des Kopfes (Augen, Ohren, Schnurrhaare und Maul) und des eigentlichen Körpers untergliedert (Haltung, Körpervolumen und Stellung des Schwanzes). Allerdings sind einige der Schwanzpositionen bei Ärger und Angst recht ähnlich; betrachtet man daher nur eine einzige Komponente der Körpersprache, kann es zu Missverständnissen kommen. Daher sollte man stets möglichst viele der Signale berücksichtigen; einige Beispiele werden dies erläutern. Sich auf einzelne Komponente zu beschränken wäre auch deshalb missverständlich, weil sich Stimmung und Ziele einer Katze häufig rasch ändern.

Dennoch verrät bereits die Haltung des Kopfes, der Ohren, Augen und Schnurrhaare eine Menge über die augenblickliche Stimmungslage einer Katze. Mit Hilfe ihrer zahlreichen Gesichtsmuskeln können Katzen unterschiedliche Gesichtsausdrücke annehmen, die in Verbindung mit der Kopfhaltung z.B. darauf schließen lassen, ob sie einen Kontakt herstellen oder sich lieber unsichtbar machen möchte. Katzen, die den Kopf nach vorn strecken, planen entweder einen Körperkontakt oder wollen den Gesichtsausdruck ihres Gegenübers genauer studieren – sei es Katze oder Mensch. Sie werden dieses Verhalten immer dann sehen, wenn Sie nach Hause kommen: Ihre Katze möchte Sie begrüßen und wartet auf das Futter. Bei einem Konflikt hebt die dominante Katze den Kopf, die unterlegene wird ihn jedoch senken. Allerdings halten auch aggressive Katzen ihren Kopf eher tief, während sehr ängstliche und aggressiv-abwehrende Katzen ihn hoch tragen! Katzen, die nicht interessiert sind, senken den Kopf, ziehen das Kinn ein und wenden den Kopf ab, um den Blickkontakt zu meiden. Wie Sie sehen, ist es nicht nur schwierig, sondern sogar äußerst verwirrend, die Stimmung einer Katze ausschließlich nach der Position des Kopfes zu ergründen. Sobald man jedoch weitere Körpersignale mit berücksichtigt, erschließt sich die wahre Stimmung einer Katze.

Augen

Der Blickkontakt gehört zu den zentralen Ausdrucksmöglichkeiten der menschlichen Kommunikation. Obwohl er auch bei den Katzen von Bedeutung ist, müssen wir uns darüber im Klaren sein, dass langer Augenkontakt bei Katzen nicht als freundliches Signal gilt – wie auch ein „grinsender" Schimpanse keineswegs fröhlich ist, sondern sich fürchtet. Anstarren gilt bei Katzen als Zeichen der Dominanz, daher versuchen Rivalen zunächst, einen Konflikt durch Starren zu entscheiden. Sobald eine Katze spürt, dass man sie beobachtet, kann sie sofort mit der Fellpflege aufhören oder aus einem Nickerchen erwachen und aufblicken. Selbst wenn sie danach mit ihrer Tätigkeit fortfährt, wird sie dies äußerst „selbstbewusst“ tun, bis der Beobachter wieder zur Seite schaut. Zwar kennen auch viele Menschen dieses merkwürdige Gefühl, beobachtet zu werden, doch bei Katzen ist es besonders stark ausgeprägt.

Vielfach werden Katzen beschrieben, die sich offenbar Tagträumen hingeben oder ins Leere starren. Sie scheinen einfach nur herumzusitzen, ohne ein bestimmtes Ziel zu fixieren. Tatsächlich nehmen Katzen ihre Umgebung aber durch die Augenwinkel recht präzise wahr, während wir das besser sehen, was genau vor unseren Augen vorgeht. Daher fixieren wir unsere Umgebung, während

AUGEN

Links: Weit offene Pupillen deuten auf Angst oder Erregung hin. Wenn dabei die Ohren gespitzt sind, ist die Katze eher interessiert als ängstlich.

Mitte: Eine entspannte Katze, die ihre Umwelt beobachtet. Die Pupillen sind nur so weit geöffnet bzw. geschlossen, wie es das verfügbare Licht oder ihr Interesse erfordern.

Rechts: Diese Katze ist nicht ängstlich, aber aufmerksam und bereit zu reagieren. Jetzt am Tag sind die Pupillen schmal, bei Dunkelheit wären sie weiter geöffnet.

Katzen sich auf die Rundumsicht verlassen, bis sie ein Ziel entdeckt haben, dass es sich zu fixieren lohnt – etwa die Bewegung einer potentiellen Beute.

Die Augen zeigen uns recht gut die Stimmung einer Katze an. Pupillen, die sich verschmälern oder weiten, deuten wie beim Menschen auf Interesse, Ärger oder Furcht hin. Die Größe der Pupille hängt eben nicht allein vom verfügbaren Licht ab, sondern auch von der Stimmungslage einer Katze. Katzen erweitern ihre Pupillen, wenn sie sich fürchten oder aggressiv erregt sind – und natürlich auch, wenn sie den gefüllten Futternapf oder eine freundlich gesinnte bekannte Katze entdecken.

Zufriedene, entspannte Katzen öffnen ihre Pupillen gewöhnlich nur so weit, wie es das verfügbaren Licht erfordert – je weniger Licht, desto weiter die Pupillen und desto dunkler erscheint das Auge. Entspannte Katzen reißen auch nicht ihre Augen auf, sondern blinzeln allenfalls unter schweren Augenlidern hervor. Übrigens ist das Augenzwinkern ein Beschwichtigungssignal zwischen Katzen. Es unterbricht das aggressive Starren, unter dem sich die meisten Katzen unwohl fühlen.

Bei ängstlichen Katzen sind die Pupillen gewöhnlich stark geweitet, sodass man im Extremfall auf vollständig geöffnete Pupillen und damit ganz schwarze Augen blickt. Andererseits kann eine wütende Katze, die ihren Willen durchsetzen will und sich sicher fühlt, ihre Pupillen zu schmalen Schlitzen verengen. Selbstverständlich gibt es ein breites Spektrum an Pupillenstellungen, die sich danach richten, wie hell es ist, wie stark Angst, Wut oder Erregung sind, die eine Katze verspürt. Um hier Genaueres zu erfahren, müssen wir die Stellung der Ohren mit berücksichtigen.

Ohren

Katzen setzen ihre Ohren als wichtiges Hilfsmittel bei der Kommunikation ein. Sie können ihre Ohren mit fast 30 Muskeln bewegen und sie unabhängig voneinander um 180° drehen, sie aufwärts und abwärts richten.

Bei einigen Großkatzen betonen helle Zeichnungen die ansonsten dunkel gefärbte Rückseite der Ohren, sodass die Ohrenstellung optimal sichtbar wird. Bei einer freundlichen oder aggressiven Begegnung erkennt das Gegenüber daher genau, was die Ohren-

GESICHT

Eine entspannte Katze mit leicht bewegten Ohren und Schnurrhaaren. Die Pupillengröße hängt von der Helligkeit ab.

Eine verärgerte Katze dreht die Ohren zurück; die Pupillen ziehen sich zusammen und die Schnurrhaare werden steif nach vorn gerichtet.

Erweiterte Pupillen und flach anliegende Ohren verraten eine ängstliche Katze. Sie kann zusätzlich die Schnurrhaare leicht zurück ziehen.

Links: Im Spiel oder auf der Jagd werden die Ohren gespitzt, die Pupillen weiten sich und die Schnurrhaare zeigen nach vorn.

Rechts: Eine zufriedene Katze schließt leicht die Augen, entspannt die Schnurrhaare und legt sich dösend an ein warmes Plätzchen.

sprache sagt; der Spielraum für Missverständnisse wird auf diese Weise stark eingeengt. Einige Wildkatzen, wie der Rotluchs, besitzen einen ungewöhnlich kurzen Schwanz. Da ihnen somit ein wichtiges Kommunikationsmittel fehlt, sind die Ohrspitzen durch lange Pinselhaare stärker hervorgehoben, d.h. ihre Ohren werden als Kommunikationsmittel besonders betont. Unter den Hauskatzen tragen nur die Abessinier kurze Pinselhaare auf den Ohrspitzen.

Eine zufriedene, entspannte Katze ruht sich gewöhnlich mit nach vorne gerichteten, aber leicht nach hinten geneigten Ohren aus. Hört sie etwas, was sie interessiert, richtet sie die Ohren stärker auf und das Gesicht wirkt „stechender", weil die Ohren durch Stirnmuskeln leicht nach innen gezogen werden. Der Vorgang gleicht unserem Stirnrunzeln, wenn wir uns konzentrieren. Sobald die Ohren zu zucken beginnen oder sich drehen, hat die Katze etwas gehört, was sie unsicher oder sogar ängstlich macht.

Mit zunehmender Angst rücken die Ohren weiter nach hinten und werden flacher aufgelegt. Meine beiden Siamkatzen *Bean* und *Flirt* zeigen dieses Verhalten wunderschön, wenn sich unser übermütiger Welpe ihrem Körbchen nähert, in dem sie die Wärme des Ofens genießen. Sobald er die Fluchtdistanz unterschreitet (die Entfernung, die sie brauchen, um sicher entfliehen zu können), senken sich ihre Ohren auf die Köpfe, sodass sie aussehen wie die niedergeschlagenen Gremlins aus dem gleichnamigen Film. Schließlich liegen die Ohren flach auf ihren Köpfen und sie ducken sich tief in ihre Körbe, weil sie hoffen, der Welpe würde sie übersehen und wieder verschwinden. Der Vorgang ist das perfekte Beispiel für eine unterwürfige Abwehrreaktion: Die Katze versucht, klein und unwichtig zu erscheinen, um keinen Angriff zu provozieren. Wenn sich unser Kater *Bullet* demselben Problem gegenüber sieht, geht er nach dem Prinzip „Angriff ist die beste Verteidigung" vor. Er bringt sich in eine Position, aus der er den Welpen fixieren kann, beginnt zu fauchen, macht einen Buckel und plustert seinen Schwanz auf. So erscheint er größer und starrt den Eindringling an. Die gespannten Ohren dreht er so weit zurück, dass die Ohröffnungen zur Seite weisen und die Rückseite der

SCHNURRHAARE

Links: Entspannte oder nicht an der Umgebung interessierte Katzen halten die Schnurrhaare seitlich vom Maul. Wenn Sie eine gähnende Katze beobachten, wird Ihnen auffallen, wie beweglich die Schnurrhaare sind. Sie können flach dem Gesicht anliegen oder fächerartig nach vorn rund um Nase und Maul gestellt werden. Eine Katze, die wie hier zur Abwehr bereit ist, drückt die Schnurrhaare nahe ans Gesicht und nach hinten. Auch die Ohren werden nach hinten angelegt, während sich die Pupillen ängstlich weiten können.

Rechts: Neugierige Katzen stellen die Schnurrhaare fächerartig nach vorn, fast wie eine dritte Hand (oder Pfote), um wahrzunehmen, was direkt vor ihnen geschieht. Katzen können mit den Schnurrhaaren in der Dunkelheit fühlen/sehen, wenn sie sich durch Gestrüpp bewegen oder schmale Spalten untersuchen.

Ohren von vorn sichtbar werden. Die Nackenhaare sträuben sich, dann wartet *Bullet* ab, ob das Hündchen in die Reichweite seiner Pfote kommt. Niemand kommt zu Schaden und beide Kampfhähne scheinen diesen Schaukampf zu genießen – natürlich gewinnt *Bullet* jedes Mal!

Schnurrhaare

Auch aus der Stellung der äußerst beweglichen Schnurrhaare lässt sich die Stimmungslage einer Katze ablesen. Entspannte Katzen halten sie seitlich vom Kopf abstehend, richten sie aber sofort nach vorn über die Schnauze hinaus, wenn irgend etwas ihr Interesse erregt. Ängstliche Katzen legen die Schnurrhaare nach hinten flach an die Wangen; dies soll ihr Gesicht kleiner und weniger bedrohlich erscheinen lassen – ein Versuch, drohende Konflikte zu vermeiden.

Schnurrhaare verstärken die Muskelbewegungen des Maulbereiches. Vor allem bei Katern mit dickeren Gesichtern (bei kastrierten Katern fehlen die Hormone, die das Gesicht fülliger erscheinen lassen) kann man daher direkt beobachten, wie sich die Wangenmuskeln bei Erregung oder Angst kontrahieren. Wildkatzen besitzen noch merklich vollere Gesichter, was bei männlichen Löwen durch die mächtige Mähne zusätzlich betont wird.

Maul

Anders als Hunde setzen Katzen ihr Maul nicht als Mittel der aggressiven Konfrontation ein. Katzen, die mit geöffnetem Maul fauchen und zischen, fühlen sich eher bedroht. Lippen lecken kann auf eine gewisse Ängstlichkeit hindeuten, während entspannte oder zufriedene Katzen ihre Zunge locker heraushängen lassen und dann besonders „naiv“ aussehen.

Wenn ein Mensch zu gähnen beginnt – aus Langeweile, Müdigkeit oder Sauerstoffmangel – setzt er gewöhnlich eine Kettenreaktion aus gähnenden Menschen in Gang, der man sich schwerlich entziehen kann. Auf Katzen wirkt Gähnen nicht ansteckend, sie gähnen nicht aus Langeweile sondern weil sie selbstsicher und zufrieden sind. Gewöhnlich wird das Gähnen nach einem längeren Nickerchen von einem ausgiebigen Strecken begleitet.

Schwanz

Der Schwanz dient sowohl der Balance wie der Kommunikation. Auf der Jagd hält eine Katze ihren Schwanz etwa horizontal nach hinten, bis er beim entscheidenden Sprung wie eine Balancestange verwendet wird. Hat sie die Beute in die Enge getrieben, zeigt der leicht schlagende Schwanz ihr Interesse und die Konzentration an. Die wichtigste Rolle spielt der Schwanz jedoch bei der Kommunikation mit anderen Katzen und den Menschen. Es gibt eine ganze Palette von Bewegungen, hin und her, auf und ab, langsam und gemächlich bis hin zu peitschenartig schnell. Schwänze können sich von schlanken, um den Körper der schlafenden Katze gelegten Organen in aufrecht stehende Bürsten aus gesträubten Haaren verwandeln, wenn die Katze ängstlich ist.

Eine entspannte, zufriedene und aufmerksame Katze, die ihr Revier inspiziert, hält ihren Schwanz so lange locker hinter sich, bis sie auf eine andere Katze trifft oder eine interessante Stelle findet, z.B. einen Kratzpfosten oder eine Urinmarke. Wenn sie sich entscheidet, selbst zu markieren, nimmt sie die schon beschriebene, typische Stellung mit erhobenem Schwanz und tretelnden Füßen ein und verspritzt ihren Urin. Begegnet sie einer befreundeten Katze oder ihrem Besitzer, heben viele Katzen ihren Schwanz hoch über den Rücken und lassen die äußerste Schwanzspitze leicht nach unten sinken. In dieser Stellung kann die befreundete Katze – wenn sie möchte – die nun frei liegende Stelle unter dem Schwanz inspizieren. Der austretende Duft wird sie davon überzeugen, dass hier ein Familienmitglied steht. Oft wird die Begrüßung von einem Murmeln oder Zwitschern begleitet. Kätzchen, die ihre Mutter begrüßen, rennen mit erhobenen Schwänzen auf sie zu. Dann lassen sie ihren Schwanz auf den Rücken der Mutter fallen und reiben ihn über ihren Schwanz. Durch dieses Verhalten erbetteln sie sich

SCHWANZ

Typische Stellung bei der Begrüßung eines Freundes. Der Schwanz ist aufgerichtet, die Spitze leicht nach vorn geneigt.

Laufende Katzen halten ihren Schwanz entspannt nach hinten und leicht nach unten geneigt. Der Schwanz wird nicht nur als Kommunikationsmittel eingesetzt, sondern auch als Balancierhilfe beim Klettern und Springen.

Am ehesten bekommen man ein „umgekehrtes U" zu sehen, wenn Katzen oder Kätzchen spielen – vor allem dann, wenn sie sich wie verrückt durch das Haus jagen. Katzen scheinen diese Mischung aus höchster Erregung und Angst zu lieben – genau wie Kinder. Ihre Schwanzhaare können sie wie eine Flaschenbürste sträuben.

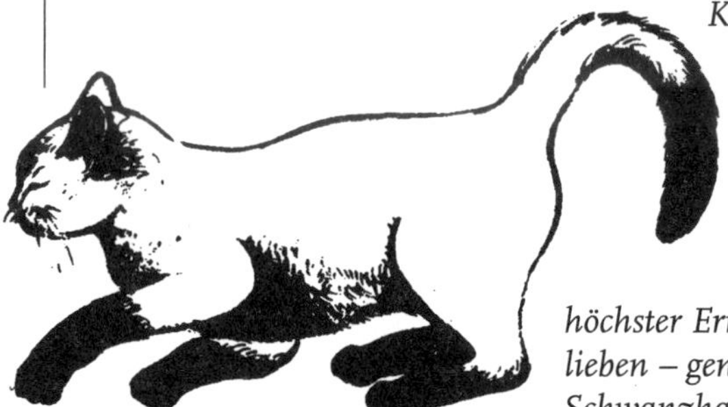

einen Anteil des Futters, das die Mutter ins Nest gebracht hat. Erwachsene Katzen übernehmen dieses Verhalten, wenn sie ihren Schwanz über Beine, Hände und sogar Teller ihres Besitzers reiben, wenn sie sich davon Futter erhoffen.

Ruhende Katzen, die sich innerlich auf eine bestimmte Aktion einstellen, beginnen häufig damit, ihren Schwanz planlos hin und her zu schlagen. Sie scheinen ihren Gedanken genau abzuwägen und entscheiden sich, ob sie aufstehen sollen oder besser liegen bleiben. Je munterer sie werden, desto schneller und ausholender werden die Schwanzbewegungen. Solches Schwanzwedeln kann das erste Anzeichen für Ärger sein, vielleicht versuchen sie auch, andere Katzen aufmerksam zu machen oder sie zu einem Spiel zu bewegen. Sollte der Schwanz schließlich heftig hin und her schlagen, spricht dies für höchste Erregung oder aufkommende Aggression – man kann dieses Signal kaum übersehen. Katzen mit wedelnden Schwänzen sind demnach das komplette Gegenteil eines fröhlichen, freundlichen Hundes: Schwanzwedeln ist eindeutig ein Anzeichen für einen emotionalen Konflikt.

Fühlt sich die Katze durch einen Eindringling ernsthaft bedroht, können sich ihre Schwanzhaare wie bei einer Flaschenbürste aufstellen. Wird der Schwanz außerdem hoch gereckt, erscheint er doppelt so groß wie normal. Katzen nutzen diese Fähigkeit, um in einem Schaukampf möglichst massig zu erscheinen. In Konfliktsituationen halten manche Katzen ihren Schwanz wie ein „umgekehrtes L“: Er wird gerade vom Körper weggestreckt und knickt dann fast senkrecht nach unten. Dasselbe zeigen spielende Kätzchen, die ihren Schwanz allerdings häufiger in Form eines „umgekehrten U“ halten. Besonders oft erscheint dieses „U“, wenn sich Katzen und Kätzchen zur Spielstunde durch das Haus jagen, ohne Rücksicht darauf, was im Weg steht – Möbel, Hunde oder Menschen. Wenn sie dabei alle Schwanzhaare sträuben, sehen sie aus, als wehte ihnen der Wind unter den Schwanz.

Köperhaltung

Den Trick, größer auszusehen als man tatsächlich ist, nutzen viele Tiere für Angriff und Verteidigung. Dank dieser Täuschung lassen sich häufig Konflikte vermeiden und die Rivalen trennen sich ohne Kampf. Natürlich setzen auch Katzen diesen Bluff erfolgreich ein:

Sie strecken ihre Beine. Da die Hinterbeine länger sind als die Vorderbeine, fällt der Rücken einer Katze vom Hinterteil zum Kopf hin ab. Aggressive Katzen stellen außerdem die Rückenhaare über der Wirbelsäule auf und legen den gesträubten Schwanz zu einem Bogen, sodass sie noch imposanter aussehen.

Ängstliche aber kampfbereite Katzen, die in die Ecke gedrängt werden oder einen Angreifer abschrecken möchten, richten nicht nur das Haar über der Wirbelsäule, sondern auf dem ganzen Körper auf. Dann wenden sie dem Angreifer die Flanke zu, machen einen Buckel und hoffen darauf, dass sich der Aggressor von der Größe täuschen lässt und auf den Angriff verzichtet. War der Trick erfolgreich, bewegt sich die unterlegene Katze langsam seitlich im Krabbengang weg – immer den Feind fixierend, da dieser langsame Rückzug doch noch einen plötzlichen Angriff provozieren könnte.

Ängstliche, unterlegene Katzen schrumpfen dagegen merklich zusammen und versuchen, so winzig wie möglich auszusehen; je weniger bedrohlich sie erscheinen, desto eher wird der Aggressor die Lust auf einen Angriff verlieren. Diese Geste der Unterwürfigkeit ist das genaue Gegenteil der dominanten Angriffspose. Sie wird von wenig selbstbewussten Katzen benutzt, die am liebsten in Ruhe gelassen werden möchten. Katzen können die Unterwürfigkeit noch betonen, indem sie sich auf den Rücken rollen und den Angreifer direkt ansehen. Dennoch gleicht diese Stellung nicht ganz der Unterwerfungsgeste der Hunde, die damit ihren ungeschützten Bauch preisgeben und praktisch wehrlos sind. Katzen, die sich auf den Rücken rollen, sind zwar bis zum Äußersten der Unterwerfung gegangen, werden sich aber dennoch erbittert mit Zähnen und Krallen wehren, falls der Aggressor tatsächlich angreifen sollte.

Natürlich rollen sich Katzen auch spielerisch auf den Rücken, manchmal sogar, wenn sie uns begrüßen. Einige Katzen lassen es zu, auf dem Bauch gekitzelt zu werden, andere genießen es sogar. Rollige weibliche Katzen wälzen sich vor einem Kater auf dem

KÖRPERHALTUNG

Beim Anschleichen und auf der Jagd signalisiert der Schwanz die Spannung – seine Spitze schlägt hin und her.

Katzen in defensiver Position sträuben ihre Körperhaare stärker und halten den Schwanz in einem Bogen über den Körper.

Die Schwungweite des wedelnden Schwanzes zeigt die innere Erregung – von leichter Spitzenbewegung bei Interesse bis hin zum schnellen, ausholenden Schlag, falls ein Rivale den Garten betritt.

Katze in Anwehrstellung: Der Rücken ist gebuckelt und die Seite dem Angreifer zugewandt, Körper- und Schwanzhaare sind gesträubt.

Das „umgekehrte L" wird von aggressiven Katzen gezeigt; sie buckeln leicht und sträuben ihr Fell auf Wirbelsäule und Schwanz. Oft heben sie dabei die Vorderpfote an. Beim eigentlichen Angriff balanciert der Schwanz den Körper aus, sodass die Katze präzise zupacken kann.

Boden, um seine Aufmerksamkeit zu erregen. Im Sommer genießen viele Katzen ein Staub- oder Sandbad, ähnlich wie die Vögel; sie wälzen sich auf einem warmen Weg, achten dabei aber genau auf ihre Umgebung, damit sie nicht von Hunden oder einer anderen Katze in dieser besonders verletzlichen Position überrascht werden.

Laut-Sprache

„Wie sagt die Katze?", fragen wir unsere kleinen Kinder. „Miau", ist dann die übliche Antwort. „Und wie spricht der Hund?" „Wau, wau." Vielleicht ist „wau, wau" schon eine etwas vereinfachte Wiedergabe der auffälligsten Hundekommunikation aber ein einfaches „Miau" kann bei weitem nicht die differenzierten Lautäußerungen beschreiben, zu denen eine Katze fähig ist.

Es gibt kaum Forschungsarbeiten über die komplexen Zusammenhänge der Laut-Sprache bei Katzen, und die beteiligten Forscher haben die Laute auf unterschiedliche Weise kategorisiert. Daher macht es durchaus Sinn, die Katzensprache in direktem Zusammenhang mit dem Verhalten einer Hauskatze zu betrachten.

Man braucht viel Zeit und Konzentration, um die zahlreichen unterschiedlichen Töne und Lautäußerungen zu analysieren, die eine Katze für die Kommunikation mit uns einsetzt. Meist reagieren wir sehr intuitiv darauf, wenn die Katze mit uns „spricht". Wir versuchen weniger zu hören, was sie uns mitteilen möchte, sondern achten auf optische Hinweise: Will sie gekrault werden, hat sie Hunger, oder möchte sie einfach nur beachtet werden? Clevere Katzen erleichtern uns die Kommunikation, weil sie zum leeren Futternapf oder zur Tür gehen, oder sie kratzen mit der Pfote an der Scheibe, wenn sie ins Freie wollen. Sofern Sie ernsthaft daran interessiert sind, die Sprache Ihrer Katze zu verstehen, sollten Sie die Lautäußerungen auf ein Tonband aufnehmen und immer wieder abspielen. Was will Ihre Katze mit den jeweiligen Lautäußerungen ausdrücken? Da Sie nur die Töne vom Band hören, ohne gleichzeitig die Körpersprache oder Posen Ihrer Katze sehen, sind Sie gezwungen, genauer hinzuhören, um bestimmte Rufe, Wünsche oder Ansprüche Ihrer Katze zu erkennen.

Jede Katze verfügt über ein eigenes Repertoire an Tönen und Verhaltensweisen. Außerdem verstehen sie uns gewöhnlich weitaus besser als wir sie. Ihre Antworten richten sich nach unserem Verhalten, als ob sie uns dressiert hätten, auf bestimmte Laute zu reagieren. Wenn wir auf ein bestimmtes Miauen hin positiv reagieren – im Sinne der Katze – dann werden Katzen dieses Miauen erneut einsetzen, um ein bestimmtes Ziel zu erreichen. Auf diese Weise entwickeln Hauskatzen ein spezielles, auf ihre Menschenfamilie abgestimmtes Lautrepertoire. Viele Katzen benutzen besondere „Worte", die sie nur im Umgang mit Menschen – manchmal sogar nur für bestimmte Personen – nicht jedoch für die Kommunikation mit anderen Katzen einsetzen.

Die einzelnen Katzenrassen sind nicht nur unterschiedlich lernfähig, was die Lautkommunikation angeht (Siamkatzen und andere orientalische Rassen sind bekannt für ihre „Geschwätzigkeit"), sie verwenden auch jeweils andere oder anders „ausgesprochene" Laute (ähnlich wie die Dialekte der Menschen), sodass viele Menschen ihre eigene Katze am Klang erkennen. Einige Rassen verfügen auch über ganz spezielle Laute, wie bestimmte Zwitscher- oder Klicklaute, ähnlich wie Hunde mit ihren rassenspezifischen Belllauten. Als *Bean*, eine von unseren Siamkatzen, verschwand, lief ich durch unsere Gegend und rief ihren Namen. Gegen sechs Uhr morgens hörte ich aus dem Schuppen eines Nachbarn einen Schrei. Die Stimme kam eindeutig unter einem alten Tisch hervor. Jedes Mal wenn ich rief, antwortete sie lautstark, sodass ich ihre genaue Position ausmachen und sie befreien konnte. Wäre sie nicht eine derart geschwätzige kleine Katze gewesen, hätte ich sie nicht gefunden.

Bisher wurden etwa 17 unterschiedliche Lautäußerungen bei Katzen identifiziert, allerdings zweifele ich nicht daran, dass es weit mehr sind. Entweder entgehen sie uns, weil sie zu subtil sind, oder wir hören sie nicht, weil sie in den Ultraschallbereich fallen. Während wir im Ultraschallbereich absolut taub sind, können Katzen diese hohen Frequenzen sehr wohl hören.

Im Umgang mit ihren Neugeborenen gebrauchen Katzenmütter nur sehr wenige Laute. Wer regelmäßig zuhört, wie Katzenmütter sich verständigen, lernt enorm viel über die Kommunikation zwischen Katzen, die in diesem Stadium noch recht einfach ist. Die Katzenmutter benutzt ein Notsignal, sie begrüßt ihre Jungen oder warnt vor Gefahr; außerdem hat jedes Kätzchen ein eigenes Notsignal, mit dem es auf sich aufmerksam macht. Im Alter von zwölf Wochen haben die Kätzchen das gesamte Lautrepertoire gelernt. Anders als Menschenbabys, die unsere Sprache immer wieder hören und wiederholen müssen, um sprechen zu lernen, sind auch taube Kätzchen in der Lage, das gesamte Lautrepertoire zu nutzen.

Katzen können gleichzeitig rufen und atmen. Dies ist möglich, weil sie ihre Töne auf andere Weise bilden als wir. Sie erzeugen die Töne weiter hinten im Rachen, ohne die Zunge zu beteiligen. Dabei drücken Katzen die Luft mit unterschiedlicher Geschwindigkeit über die Stimmbänder ihres Kehlkopfes und verändern Tonhöhe und -stärke, indem sie die Spannung in Kehle und Maulmuskeln variieren. Die meisten Töne dienen der Verständigung auf kurze Entfernungen, mit Ausnahme der vielleicht bekanntesten Lautäußerung – die heulenden Gesänge männlicher Kater in der Paarungszeit oder die wütenden Warnschreie von Katern, die sich bei Eindringlingen in ihr Revier melden.

Schnurren

Das Schnurren gehört zu den charakteristischsten Lautäußerungen einer Katze und dürfte einer der Hauptgründe sein, warum Menschen Katzen so lieben – damit zeigen sie uns hörbar, wenn sie zufrieden sind. Wenn unsere Katze schnurrt, fühlen wir uns gut, eine ähnliche Bestätigung wie die Zuneigung, die wir von Partner und Familie erfahren.

Alle Katzen schnurren, unabhängig von Alter, Geschlecht oder Rasse, mit derselben Frequenz – 25 Töne pro Sekunde.

Schon die kleinsten Kätzchen können schnurren, sogar während sie trinken. Daher kommt diesem Laut eine wichtige Bedeutung bei der Kommunikation zwischen Mutter und Kindern zu: Sie weiß, dass es den Kleinen gut geht. Mütter schnurren, wenn sie das Nest betreten, so erfahren die Jungen, dass sie zurück ist und keine Gefahr droht. Ältere Kätzchen setzten das Schnurren ein, um erwachsene Katzen zum Spielen zu bewegen; wie ein Menschenkind, das bei seinem Vater bettelt „Spiel doch bitte Fußball mit mir."

Dominante Kätzchen schnurren, wenn sie ihre unterlegenen Geschwister zum Spiel bewegen wollen; etwa im Sinne von: „Du kannst mir trauen, ich will nicht angreifen, nur spielen ... ehrlich." Selbst erwachsene Katzen schnurren sich beruhigend gegenseitig an, oder schnurren, wenn sie sich Mut machen wollen, weil sie Schmerzen haben oder sich ein drohender Aggressor nähert. Katzen verbinden mit dem Schnurren ein wohliges, gutes Gefühl und setzen es immer dann ein, wenn sie Angst oder Schmerzen haben. Auch wir Menschen neigen dazu, in Krisen Selbstgespräche zu führen oder wir singen, um uns aufzumuntern und von der eigentlichen Gefahr abzulenken.

Bis heute ist nicht vollständig geklärt, wie eine Katze ihr Schnurren eigentlich erzeugt. Nach einer Hypothese versetzt sie die sogenannten Taschenbänder neben den Stimmbändern in Vibration, nach einer anderen sind es Turbulenzen im Blutkreislauf, die Brust und Luftröhre in Schwingungen versetzen. Der Ton würde nach dieser Hypothese durch eine Resonanz in der Nasennebenhöhle erzeugt. Eine dritte Hypothese erklärt das Schnurren durch wechselseitige Kontraktionen von Kehlkopf und Zwerchfell.

Wie immer es auch erzeugt wird, das Schnurren gleicht in seiner Aussage dem Schwanzwedeln des Hundes und kann wie dieses in Intensität und Enthusiasmus stark schwanken. Katzen können stundenlang schnurren und dabei den Ton in der Lautstärke variieren; vom rauen Schnurren mit deutlich hörbaren „Schlägen“ bis zum sanften, ruhigen, fast gelangweilten Schnurren, das sich anhört, als hörte es jeden Augenblick auf. Viele Katzen, die um Aufmerksamkeit betteln oder die etwas sehr Erfreuliches entdeckt haben, setzen hochfrequentes Schnurren ein.

Begrüßung

Das Begrüßungsritual einer Katze – Schwanz hoch, zielstrebig auf den Menschen zugehen und dabei sein Gesicht fixieren, reiben und schnurren – wird vom Willkommensgruß gekrönt. Dabei handelt es sich um ein spezielles kurzes Miauen oder eine Serie von Zwitscherlauten, die Ihnen zeigen sollen, dass sich Ihre Katze über das Wiedersehen freut. Jede Katze kann eigene Willkommensgrüße entwickeln; sogar für jedes einzelne Familienmitglied, denn es mag durchaus sein, dass sie nicht alle gleichermaßen schätzt. Nutzen Sie unbedingt dieses Begrüßungsritual, um mit Ihrer Katze zu kommunizieren. Wenn Sie nach Hause kommen, ist Ihre Katze wirklich erfreut, Sie zu sehen, und erwartet eine entsprechende Reaktion von Ihnen – machen Sie das Beste daraus. Wenn Sie nicht auf die Begrüßung reagieren, wird die Katze letztlich das Interesse daran verlieren, mit Ihnen zu „reden“. Es gibt nichts schöneres als ein Tier mit eigenem Willen, das sich aus eigenem Antrieb dafür entscheidet, mit Ihnen zu „reden“. Nutzen Sie die Zeit zur Entspannung. Fragen Sie die Katze, wie ihr Tag war, und der ruhige Klang Ihrer Stimme wird sie animieren, sich mitzuteilen.

Das leichte Zwitschern, das sich anhört wie ein rollendes „Miau“ wird häufig von Katzenmüttern geäußert, die sich ihren Jungen nähern oder bei der Begegnung zweier befreundeter Katzen. *Bean* und *Flirt* machen einen speziellen „rrr“-Ton, wenn *Bullet* durch die Katzenklappe kommt und sie sich ihm zur Begrüßung nähern. Katzen kennen auch ein anerkennendes Murmeln – ein kurzes Schnurren beim Einatmen, dessen Tonhöhe abfällt – und ein bettelndes Murmeln, mit dem sie ihre Besitzer dazu bewegen, ihnen etwas Bestimmtes zu geben.

Professor Paul Leyhausen, der viele Jahre lang das Verhalten von Katzen untersucht hat, beschreibt die verschiedenen Gurgellaute einer Katzenmutter, die ihren Jungen Beute bringt. Er unterschied Töne für eine Maus und andere, mehr wie ein Schrei klingend, für eine Ratte. Leyhausen war sich allerdings nicht sicher, ob die Katze tatsächlich „Worte“ in unserem Sinn gebrauchte, um den Jungen die Art der Beute mitzuteilen. Während sich kleine Kätzchen ohne Angst einer verletzten Maus nähern können, bedeutet eine Ratte durchaus noch Gefahr. Tatsächlich verhielten sich die Jungen deutlich vorsichtiger, wenn sich die Mutter mit dem „Ratten-Wort“ ankündigte. Leyhausen vermutet, dass wir die Aussagekraft der Katzensprache erst im Ansatz verstehen, und noch mehr Forschung nötig sei, um sie vollständig zu würdigen.

Die Bedeutung von „Miau“

Das einfache „Miau“ kann auf vielfältige Weise modifiziert werden. Es wird mit geöffnetem Maul erzeugt, der sich beim „...au“ wieder schließt, sodass der Eindruck eines echten Wortes entsteht. Mit einem Miau bitten Katzen um Futter, sie möchten, dass wir die Tür öffnen oder uns um sie kümmern; sie bitten, fordern und beschweren sich mit einem „Miau“.

Wenn wir das Wort in seine Bestandteile zerlegen – „mi-a-u“ – wird deutlich, dass eine Katze jede Silbe in der Länge und Betonung verändern kann und so unterschiedliche Bedeutungen herstellt. Wird etwa das „a“ kaum betont, klingt die Katze pathetisch oder enttäuscht. Dehnt sie das „u“, klingt sie absolut verzweifelt. Unsere Katzen benutzen diese bettelnde Version häufig, wenn wir einen Raum verschließen oder wenn wir ihnen nichts vom sonntäglichen Mittagstisch anbieten. Sobald eine Katze ahnt, Sie könnten nachgeben, lässt sie ihr Miau fröhlicher und leichter klingen und schiebt vielleicht sogar ein bettelndes Schnurren ein, damit Sie Ihre Meinung keinesfalls ändern – perfekte Manipulation!

Wollen sie die Forderung bittender klingen lassen, wiederholen viele Katzen das „u" am Ende; sie schließen das Maul langsamer und verlängern dadurch die Botschaft. Mit stärkerer Betonung verwandelt sich die Bitte in eine Forderung, etwa wenn der Katzenbesitzer den Futternapf nicht schnell genug füllt. Mit kurzen, hochfrequenten Miaus drücken Katzen vor allem ihre Verzweiflung aus, wenn die Dinge nicht so laufen wie gewünscht. Gelegentlich scheinen Katzen nur das mittlere „a" zu benutzen – meine beiden Siamkatzen setzen diese Taktik ein, wenn sie aus der eisigen Kälte eines frostigen Morgens ins Haus wollen. Mit hochfrequenten Tönen betteln Katzen um unsere Aufmerksamkeit – ihre Mutter hatte darauf stets reagiert, als sie noch klein waren. Vielleicht hatte die kleine Katze zum ersten Mal miaut, als sie das Nest verließ und auf die Nase fiel.

Viele Katzen, die um unsere Aufmerksamkeit bitten, nähern sich uns, klopfen mit der Pfote und äußern ein stummes „Miau". Vermutlich dürfte dieses besonders überzeugende Betteln immer dann eingesetzt werden, wenn das Gegenüber nicht leicht nachgibt, etwa gegenüber einem dominanten Familienmitglied, bei dem sie um Futter oder Aufmerksamkeit betteln. Die Strategie ist hervorragend, denn es gibt kaum jemanden, der dem Klopfen mit der Pfote und kaum hörbarem Wispern widerstehen kann. Natürlich ist der Ton nicht wirklich „still", denn andere Katzen können ihn mit ihren empfindlicheren Ohren recht gut hören. Unser Kater *Bullet* setzt diesen Ton ein, wenn er abends nach einem freundlichen Schoß sucht. Vermutlich benutzt er diese Form der Bitte nur gegenüber Familienmitgliedern, denen er sich nahe fühlt.

Fauchen, spucken und knurren

Fauchen, spucken und knurren sind Warn- oder Drohsignale, die wir während unserer normalen häuslichen Beziehung mit Katzen nur selten zu hören bekommen.

Fauchen ist ein eindeutiges Warnsignal. Es wird gebildet, indem die Katze ihr Maul öffnet, die Oberlippe zurückzieht, bis das Gesicht gerunzelt ist und die Luft sehr schnell über die gewölbte Zunge ausstößt. Wenn man der Katze nahe genug ist, fühlt man sogar den Luftstrom. Vermutlich ist das der Grund, warum es Katzen im Unterschied zu Pferden nicht mögen, wenn man ihnen vorsichtig ins Gesicht oder auf die Nase bläst. Das Fauchen kann gesehen, gehört und – sofern man nahe genug ist – auch gefühlt werden. Damit ist die Botschaft sehr intensiv. Sie können übrigens auch selbst immer dann wirkungsvoll fauchen, wenn Sie ihrer Katze zeigen wollen, dass Sie mit einer bestimmten Situation nicht einverstanden sind. Ein schnelles „ssss", wenn die Katze auf die Arbeitsplatte oder den Herd springt bzw. an den Möbeln kratzt, macht ihr unmissverständlich auf „kätzisch" klar, was Sie empfinden – ohne Schimpfen oder körperliche Bestrafung.

Manchmal spucken Katzen bewusst einen sich nähernden Gegner an oder spucken unwillkürlich, wenn sie sich erschrecken. Sie spucken kurz aber heftig und schlagen dabei häufig mit beiden Vorderpfoten auf den Boden, ähnlich wie Kaninchen, die warnend mit den Hinterbeinen auf die Erde klopfen. In der Regel versuchen sie damit ihren Gegner zu bluffen; der tritt einen Schritt zurück und macht den Fluchtweg frei.

Das aggressivere Knurren, das mit hochgezogenen Lippen fast wie ein Brüllen klingen kann, wird eingesetzt, wenn Katzen einen Rivalen attackieren. Meine Katzen knurren immer dann sehr leise, wenn eine einen schmackhaften Bissen erwischt hat und die anderen beiden kommen, um ihn zu prüfen oder sogar wegzunehmen. Wenn die anderen das gutturale Knurren hören, wissen sie genau, dass ihr gewöhnlich friedlicher Kumpel es diesmal ernst meint – mit dem Knurren macht der Glückliche den anderen deutlich, dass er diesmal der Sieger ist.

Rufe und Schreie

Viele Töne mit höherer Frequenz werden von Katzen ausschließlich zur Kommunikation mit anderen Katzen benutzt. Obwohl wir nicht alle Anteile solcher Lautäußerungen hören, dürften sie von entscheidender Wirkung auf Gehör und Gehirn einer Katze sein. Bei einigen dieser Töne ist das Maul geöffnet, wie etwa beim Jaulen balzender Kater oder der ärgerlichen Klage, wenn sich eine andere Katze ins eigene Revier verirrt.

Ein anderer, sehr dramatischer Ruf ist der Schmerzensschrei der Katzen. Er besteht etwa aus der letzten Silbe des „Miau“ – in der Zeichentrickserie *Tom und Jerry* schreit der Kater Tom sehr häufig laut vor Schmerz! Denselben Schrei stoßen auch weibliche Katzen unmittelbar nach der Paarung aus. Im Moment des Samenergusses schreit sie durchdringend, die Tiere trennen sich abrupt und sie wendet sich gegen das Männchen. Vermutlich schmerzt sie der Stimulus des männlichen Gliedes, das an der Spitze mit Stacheln besetzt ist – zumindest hört es sich so an.

Häufig erweist es sich als schwierig, eine Katze einzufangen und in den Transportkäfig zu setzen. Für Katzen ist das ein sicheres Zeichen, dass es zum Tierarzt oder in die Katzenpension geht, also reagieren sie mit einem Protestschrei, der tief ins Herz des Besitzers dringt. Diesen Schrei zu hören und ihm dennoch zu widerstehen, ist nicht einfach. Meist geht es nur, wenn man sich sagt, alles sei nur zum Besten des Tieres. Sprechen Sie in solchen Situationen ruhig mit ihrer Katze – damit überzeugen Sie nicht nur ihre Katze, sondern auch sich selbst. Besonders dramatisch wird die Situation, wenn die Katze zu ihrer regelmäßigen Impfung beim Tierarzt muss. Dabei schrumpft sie entweder zu einer extremen Unterwerfungsgeste zusammen und äußert nur leise Protest-Miaus oder sie verwandelt sich in einen wahren Teufel, der auf alles losgeht, was in seine Nähe kommt. Sollte sich Ihre Katze für die sanfte Form des Protestes entschieden haben, helfen Sie ihr: Halten Sie sie fest aber bequem im Arm, während sie der Tierarzt untersucht oder die Spritze gibt, reden Sie ständig beruhigend auf sie ein. Damit geben Sie der Katze die notwendige Zuversicht (auch wenn Sie nur äußerlich so tun). Sollte Ihre Katze jedoch panisch reagieren und aggressiv werden, lässt sie sich vermutlich nicht mehr beruhigen. Dann überlassen Sie ihr Tier besser der erfahrenen Tierarzthelferin, die Ihre Katze sicher im Griff hat. Das mag vielleicht nicht besonders angenehm für Ihre Katze aussehen, ist aber in der Tat die beste Methode, um die Behandlung rasch und sicher zu Ende zu bringen. Sitzt Ihre Katze dann wieder im Transportkäfig, dürfen Sie mit ihr sprechen und wenn Sie zu Hause ankommen, sollten Sie ihr Tier so lange verwöhnen, bis es sich beruhigt hat.

Zähneklappern

Wenn Katzen mit den Zähnen klappern, dient dies nicht direkt der Kommunikation. Sie äußern dieses Geräusch z.B. wenn sie unerreichbare Dinge sehen wie Fliegen an einer Wand oder Vögel auf der anderen Seite des Fensters. Vielleicht drücken Katzen ihre Frustration dadurch aus, dass sie mit den Zähnen klappern, ähnlich wie Menschen, die mit zusammengebissenen Zähnen fluchen. Sie öffnen das Maul etwas, ziehen die Lippen zurück und öffnen und schließen ihre Kiefer in schneller Folge. Wenn sie sich stärker erregen, entsteht ein Geräusch, das zwischen Lippenschmatzen und Zähneklappern schwankt. Manche Katzen machen gleichzeitig ein meckerndes Geräusch.

Man muss leider sagen, dass unser Wissen um die Lautäußerungen von Katzen noch sehr unvollkommen ist. Je genauer man Katzen untersucht, auf desto mehr Unbekanntes stößt man. Selbst die Bedeutung der hörbaren Laute können wir nur vermuten, noch viel weniger wissen wir über die Töne, die im hochfrequenten Bereich abgegeben werden und für eine Katze ganz sicher ebenso bedeutsam sind.

▸ TIPPS: Reden und Zuhören

Wenn Sie sich ernsthaft bemühen wollen, in eine Art Dialog mit Ihrer Katze zu treten, sollten Sie Folgendes beachten:

- Starkes Parfüm wirkt auf den Geruchssinn einer Katze etwa so intensiv wie gleißend weißes Licht – dabei würden Sie auch nicht viel sehen.

- Neue Möbel oder Teppiche strömen für Katzen einen unglaublich intensiven Geruch aus. Sie werden versuchen, diesen Geruch durch ihren Eigenduft zu übertünchen.
- Starren gilt als aggressiver Akt; blinzeln Sie immer wieder, um Ihre Katze zu beruhigen.
- Erweiterte Pupillen sind ein Zeichen für Furcht; dann sollten Sie sich ruhig und langsam bewegen.
- Für eine Katze erscheinen unsere Stimmen recht leise, da sie eher im oberen Bereich des Klangspektrums hören. Wenn Sie ihre Katze aufmerksam machen wollen, heben Sie ihre Stimme.
- Beteiligen Sie sich am Duftaustausch. Streicheln Sie Ihre Katze unter dem Kinn, auf den Wangen und an der Schwanzbasis.
- Benutzen Sie einen Kassettenrecorder, um die Katzensprache Ihrer Katze zu lernen.
- Bereiten Sie sich darauf vor, von Ihrer Katze trainiert zu werden.
- Zuckende Ohren und ein wedelnder Schwanz sind Zeichen von Furcht, bedrängen Sie Ihre Katze nicht.

Mit Katzen leben

Katzen, die mit uns zusammenleben, haben die Tendenz, uns auf die Nerven zu gehen. Sie scheinen sich in alles einzumischen, was in einem Haushalt vorgeht. Sobald man vom Einkaufen nach Hause kommt, erscheinen sie aus dem Nichts; sie liegen auf der sauberen Bügelwäsche oder mitten auf einer Zeitung, die wir gerade lesen; sie bringen Wolle oder Schnur durcheinander, die wir gerade brauchen, oder springen einfach auf unseren Schoß, wenn wir einen dringenden Brief schreiben müssen. Im Laufe der Jahre haben wir unseren Frieden mit den Katzen gemacht – wir wissen, was sie mögen und nicht mögen, wir haben ihre Angewohnheiten und sie die unseren akzeptiert.

Wenn man die Hintergründe einiger typischer Verhaltensweisen und Eigenschaften ihres täglichen Lebens kennt, ist es leichter, eine Hauskatze zu verstehen. Warum brauchen Katzen die Berührung; wie soll man eine Katze begrüßen oder eine neue einführen; gibt es einen idealen Platz für das Katzenklo oder wie viel Schlaf braucht eine Katze eigentlich, um nur einige Beispiele zu nennen?

Begrüßung und Kommunikation

Es war ein langer Tag im Büro, doch nun stecken Sie den Schlüssel ins Schloss der Haustür. Sobald sich die Tür öffnet, miaut Ihre Katze und läuft auf Sie zu, den Schwanz in der typischen Begrüßungshaltung erhoben. Wenn sie dann noch mit den Vorderfüßen in die Luft springt und sich an Ihren Beinen reibt, verschwindet der Berufsstress – Sie sind zu Hause. Vermutlich hat die innere Uhr der Katze rechtzeitig angezeigt, dass Sie bald nach Hause kommen. Sie hat gewartet, bis sie das vertraute Geräusch des Wagens hörte und die bekannten Schritte auf der Treppe.

Schnurrend und fiepend streicht sie zwischen Ihren Beinen entlang, schmiegt Kopf und Flanken gegen Ihre Kleidung und parfümiert Sie mit ihrem eigenen und dem Duft des Hauses ein. Zwei Katzen, die sich gut kennen, gehen bei der Begrüßung mit erhobenen Schwänzen aufeinander zu, die an den Spitzen leicht nach vorn geknickt werden – bereit, ihr Gegenüber von Gesicht zu Gesicht zu begrüßen, an der Nase zu schnuppern, es zu berühren, die Köpfe aneinander zu reiben, die Ohren abzulecken und den Schwanzbereich zu beschnuppern. Einige Katzen beugen leicht den Schwanz, ehe sie die Köpfe aneinander reiben. Ganz ähnlich verhalten sich Katzen bei der Begrüßung von Menschen, allerdings fügen sie meist noch einige spezielle Schnurrlaute oder Posen hinzu, die sie speziell für Menschen erlernt haben; dann strecken sie sich nach oben, um gekitzelt oder gestreichelt zu werden. Manche Katzen werfen sich auch auf den Boden und drehen sich auf den Rücken.

Wenn wir zu unseren Katzen nach Hause kommen, reden wir mit ihnen, wie mit einem anderen Menschen. Mit einer Katze im Haus fühlt sich die Wohnung nie leer an – dafür sorgt dieses kleine Lebewesen mit seiner großen Persönlichkeit. Die Katze bettelt freundlich um Futter; sie läuft zwischen Ihnen und dem Vorratsschrank hin und her, bis Sie begriffen haben, was sie möchte; vielleicht richtet sie sich auch ungeduldig auf den Hinterbeinen auf und scharrt an der Schranktür. Wenn wir freundlich mit ihr reden, nimmt eine Katze nur den warmen Klang der Stimme wahr, allenfalls erkennt sie das Wort „Futter" oder ihren Namen. Dennoch ermuntert sie uns ständig, ihren Futternapf zu füllen, und wir freuen uns über ihre Reaktionen auf unsere Worte.

Katze lernen ihren Namen ziemlich schnell, insbesondere, wenn er nur aus einer Silbe besteht. In Großbritannien ist *Sooty* der bei weitem häufigste Katzenname; klassisch sind auch *Kitty*, *Pussy*,

Tiggy, Tiger, Tigs, Tigger oder *Fluffy*. Einen relativ hohen Anteil haben Alkoholika – *Brandy, Shandy, Sherry, Pernod* oder *Whisky*. Sehr beliebt sind Farbbezeichnungen, wie *Smokey, Blackie, Snowy, Ginger* und natürlich das bereits erwähnte *Sooty* („rußig"). Ob die zahlreichen *Sootys* wirklich alle schwarz sind, ist nicht bekannt, aber ich weiß, dass manche Katzenbesitzer ihre schwarzen Katzen *Snowy* nennen, um sich von anderen zu unterscheiden. Weiterhin beliebt sind *Garfield* und *Thomas*, dazu die Hundenamen *Marmaduke* und *Snoopie*. Katzenpärchen werden oft mit Paarnamen versehen wie *Salt* und *Pepper, Bubble* und *Squeak*, Cagney und *Lacey, Mork* und *Mindy, Pinky* und *Perky* und sogar *Harley* und *Davidson* – hier dürften allerdings Probleme auftreten, wenn eine der beiden Katzen verschwindet. Natürlich gibt es Stammbaum-Katzen mit entsprechend langen Namen, doch auch sie tragen alle einen zusätzlichen kurzen Rufnamen. Meine persönlichen Lieblingsnamen sind *Zaphod Beeblebrox* und *Baldrick*. Eine Katzenbesitzerin wusste offenbar genau, welchen Platz sie im Katzenleben einnimmt, denn sie nannte ihre Katze *Aysha* – „die, der man gehorchen muss".

Auf welche Weise wir den Namen aussprechen, bestimmt häufig die Reaktion einer Katze. Meine Katze *Bean* reagiert immer mit einer Lautäußerung, wenn ich ihren Namen mit hoher Stimme ausspreche. Daher müssen alle Familienmitglieder mit quietschender Stimme reden, wenn sie dieselbe Reaktion hervorrufen möchten. Katzen reagieren sehr empfindlich auf hohe Töne; dies geht auf ihre Jugend zurück, als sie mit hohen Tönen nach ihrer Mutter riefen. Kleine Nagetiere, die wichtigste Beute unserer Katzen, piepen gerade an der oberen Grenze des Hörspektrums einer Katze, daher haben sich die Katzenohren im Zuge der Evolution an diese Frequenzen angepasst. Es ist immer wieder vergnüglich, wenn männliche Freunde der Familie versuchen, mit hoher Stimmlage nach *Bean* zu rufen und daran scheitern, genau die richtige Frequenz zu erwischen – vermutlich ist das Gelächter der Zuhörer daran schuld. Immerhin macht es viel Spaß, sie zu ständig neuen Versuchen anzustacheln.

Wenn man in hoher Stimmlage nach seiner Katze ruft, übertönt man die zahlreichen tiefen Hintergrundgeräusche, die Katzen gewöhnlich überhören. Auf Quietschtöne und Klicklaute – eine potentielle Beute – reagieren sie jedoch sehr gut, daher sind unsere Rufe in diesem Frequenzbereich erfolgreicher. Dasselbe erreicht man, wenn man mit gespitztem Mund die Luft scharf einsaugt – so als würde man durch einen Strohhalm trinken. Dieses pfeifend-zischende Geräusch scheint ebenfalls das Interesse der Katzen zu erregen.

Wenn wir mit unserer Katze reden, stärker wir ihr Selbstbewusstsein und ihre Sicherheit, aber wie können wir eine fremde oder aufgeregte Katze beruhigen? Da sie bei unfreundlichen Begegnungen rasch ihre Krallen als Waffe einsetzen, sollten wir zunächst die Hände außer Reichweite halten. Freundliche Katzen begrüßen sich Kopf-an-Kopf, daher kann es helfen, in die Knie zu gehen und dasselbe zu versuchen (Krallen!). Sehen Sie die Katze an, aber starren Sie nicht. Starren wird als aggressiver Akt verstanden, um die Stärke und Willenskraft eines Rivalen zu testen. Schließen Sie ihre Augen halb und blinzeln sie; das wird die Katze beruhigen. Sobald ihre Ohren zu zucken beginnen, wird die Katze ängstlicher. Beruhigen Sie sich, wenn Sie diese Anzeichen entdecken. Lassen Sie die Katze auf sich zukommen und Sie beschnuppern. Erst dann dürfen Sie Ihre Hand in Schulterhöhe nähern, nicht von oben wie einen Hammer. Sobald sie sicher ist, dass Sie freundliche Absichten haben, wird die Katze vermutlich ihren Kopf nach vorne strecken. Streichen Sie ihr nun mit der Hand über Kopf und Kinn, vielleicht können Sie sogar etwas schnurren. Selbstsichere Katzen, die Menschen mögen, trauen sich relativ schnell, Kontakt zu fremden Menschen aufzunehmen; andere brauchen länger und viel Geduld, wieder andere werden sich nur mit ihrem Besitzer wirklich anfreunden. Einige Gründe und Faktoren, die die Reaktion einer Katze auf uns prägen, werde ich im Kapitel „Die Persönlichkeit der Katze" beschreiben.

Es ist ein ungeklärtes Rätsel, warum Katzen zielsicher auf den Schoß des einzigen Menschen im Raum springen, der keine Katzen mag. Manche Forscher vermuten, dies läge daran, dass solche Menschen den Blickkontakt meiden, still sitzen und vielleicht sogar blinzeln, weil sie hoffen, die Katze möge sie übersehen. Katzen interpretieren dieses Verhalten jedoch als freundlich. Eine andere Hypothese geht davon aus, dass die Katzenliebhaber eine Katze damit verschrecken, dass sie bewusst den Kontakt mit der Katze suchen, sie rufen und anstarren. Möglicherweise sendet ein „Katzenfeind" auch andere Signale wie Vibrationen oder Düfte aus, die für Katzen attraktiv sind.

Es gibt auf jeden Fall „Katzenmenschen", die selbst mit den wildesten Katzen fertig werden. Jede Katze nähert sich ihnen freundlich und mit Zuversicht, oft zur Verwunderung ihres Besitzers. Solche Menschen brauchen keine eigenen Katzen zu besitzen oder sich besonders anstrengen; sie lehnen sich zurück und die Katzen kommen zu ihnen. Ob es sich dabei immer um besonders nette Menschen handelt, vermag ich nicht zu sagen, aber vielleicht sollten Sie Ihre Katze ruhig einmal daraufhin beobachten, wie sicher sie den Charakter Ihrer Besucher einschätzt. Ich persönlich bleibe Menschen gegenüber etwas misstrauisch, die meine normalerweise sehr freundliche Bulldogge offenbar nicht mag. Andererseits erscheinen mir Menschen, von denen sich meine Katzen bereitwillig streicheln und kraulen lassen sehr sympathisch. Sind „Katzenmenschen" also auch „Menschenmenschen"?

Schlaf und Nickerchen

Katzen sind die besten Schläfer der Welt. Sie verbringen etwa 60 % ihrer Zeit im Schlaf, das ist doppelt so lange wie die meisten übrigen Säugetiere. An einem typischen Tag dösen und schlafen sie 15 Stunden lang, sechs Stunden verbringen sie mit Putzen und Spielen, die übrige Zeit gehört der Jagd, dem Fressen und Erkunden. Nachdem Löwen gefressen haben, liegen sie oft mehrere Tage herum, solange die Nahrung eben vorhält. Pflanzenfresser sind gezwungen, fast den ganzen Tag lang zu fressen, weil ihre Nahrung relativ wenig Energie liefert. Da Fleisch reichlich Nährstoffe und Kalorien enthält, muss ein Fleischfresser zwar mehr Energie für die Jagd aufbringen, kann dafür aber zwischen den Mahlzeiten lange Ruhepausen einlegen. Hauskatzen, die von ihrem Besitzer ausreichend gefüttert werden, haben daher sehr viel freie Zeit zum Schlafen. Möglichweise haben sie wegen dieser langen Ruhephasen ein relativ längeres Leben als z.B. Hunde. Natürlich werden Katzen während der Paarungszeit deutlich aktiver, auch wenn sie hungrig sind oder frieren. Neugeborene Kätzchen verschlafen 90% ihrer Zeit, doch schon nach vier Wochen haben sie das Schlafniveau der erwachsenen Katzen erreicht. Ältere Katzen schlafen wieder etwas länger. Wie Menschen schlafen Katzen länger, wenn sie sich warm, sicher und wohlgenährt fühlen. Häufig passen sie ihren Schafrhythmus sogar den Lebensgewohnheiten ihrer Besitzer an. Sie schlafen, wenn er die Wohnung verlässt und werden morgens und abends aktiv, wenn er in ihrer Nähe ist. An den Wochenenden machen sie häufiger einmal ein Nickerchen und schlafen tiefer, wenn sie sich sicher fühlen und weil sie wissen, dass ihr Besitzer bereit ist, sie zu umsorgen.

Da Katzen hervorragend schlafen, dienten sie in mehreren Schlafstudien als Versuchsobjekte. Ihr Gehirn zeigte im Schlaf ähnliche elektrische Aktivität wie beim Menschen. Während der ersten 15-20 Minuten bleiben Kopf und Hals einer Katze gespannt; sie reagieren sofort auf Klicken, Quietschen oder plötzliche Geräusche. Dann entspannt sie sich und rollt für sechs bis sieben Minuten auf die Seite. Dabei können Schnurrhaare, Schwanz und Pfoten zucken, als erlebte sie einen Traum. Katzen fallen auch in die sogenannte REM-Phase (*rapid eye movement*), eine Tiefschlafphase, die auch wir Menschen erleben. Dann gehen sie für kurze Zeit wieder in einen flacheren Schlaf über, ehe sie erneut zu „träumen“ beginnen. Im Tiefschlaf liegen sie nur 15 % ihres Lebens, 45 % macht der flache, leichte Schlaf aus. Neugeborene Kätzchen kennen während des ersten Lebensmonats noch keinen flachen Schlaf, denn das

Gehirnzentrum, das diese Schlafphase kontrolliert, ist erst nach der fünften Woche vollständig entwickelt.

Ihr typisches Nickerchen können Katzen an jedem Ort halten; sie schließen zwar die Augen, bleiben aber ziemlich aufmerksam. Für den tieferen Schlaf suchen sie jedoch nach einem Ort, an dem sie sich sicher fühlen. Da sie im Tiefschlaf völlig abschalten, sind sie auf diese Sicherheit angewiesen. Allerdings kennen viele Katzenbesitzer Situationen, bei denen Katzen auf einer Sofalehne zwanglos vom Nickerchen zum Schlaf überwechselten und dann herunter fielen! Da die Körpertemperatur im Schlaf absinkt, suchen Katzen häufig nach einem warmen Fleckchen in der Sonne oder in einem gut belüfteten Schrank, wo sie sich warm und sicher fühlen.

Eine dösende Katze ist sich sehr wohl bewusst, dass Sie in der Nähe sind bzw. sich nähern. Die Ohren bleiben auch im Schlaf auf „Kontrolle“ geschaltet und achten auf leiseste Geräusche. Selbst tief schlafende Katzen werden durch laute Geräusche oder Stöße abrupt wach. Wenn Sie ihre Katze aufwecken möchten, gehen Sie vor wie bei einem Menschen. Sprechen Sie die Katze leise an, geben Sie ihr einen sanften Stups und hoffen Sie darauf, dass sie mit besserer Laune aufwacht als Sie manchmal.

Katzen werden gerne in der Werbung eingesetzt. Zusammengerollt vor einem gemütlichen Kamin symbolisieren sie den Zusammenhalt einer liebenden Familie und stehen für Wärme, Zuversicht und Komfort. Ein deutscher Forscher, der mehr als 400 schlafende Katzen untersucht hat, glaubt die Raumtemperatur aus der Schlafstellung einer Katze ableiten zu können. Bei weniger als 13 °C Raumtemperatur rollen sich die Katzen eng zusammen und stecken den Kopf in den Körper. Mit zunehmender Temperatur „öffnen“ Katzen ihren Körper. Ist es wärmer als 21 °C, liegt eine Katze langgestreckt mit ausgestreckten Vorderpfoten. Wenn sie sich sicher und sehr warm fühlen, liegen Katzen flach auf der Seite und halten die Pfoten in die Luft. Natürlich hat jede Katze ein eigenes Schlafmuster, das sein Besitzer erkennen kann.

Wenn Sie nach dem idealen Platz für das Katzenkörbchen suchen, sollten Sie das Bedürfnis der Katze nach Sicherheit und Wärme berücksichtigen, sonst wird Ihre Katze einen eigenen, anderen Schlafplatz vorziehen. Höhe bedeutet Sicherheit, vor allem wenn Katzen die Wohnung mit kleinen Kindern und Hunden teilen müssen. Katzen klettern gerne in die sichere Höhe, weil sie von dort ihre Umgebung beobachten können und Gefahr von unten leichter mit einem Pfotenhieb bekämpfen können. Für einen friedlichen Schlaf sind sie auf sichere Nischen oder Höhlen angewiesen, daher schlafen Katzen gerne auf Regalen oder in gut belüfteten Schränken. Denken Sie daran, selbst wenn der Katzenkorb noch so geeignet und bequem ist, jede Katze wird sich weitere, eigene Schlafplätze suchen. Es lohnt daher nicht, in einen teuren Katzenkorb zu investieren. Ideal ist z.B. ein Karton mit einem alten Kissen oder einer Decke in der Ecke eines Sofas.

Sobald die Katze aufgewacht ist, beginnt sie sich zu strecken, bis alle Teile ihres Körpers wieder gut durchblutet werden. Katzen können ihre Glieder und Muskeln bis zur Zehenspitze so erstaunlich flexibel bewegen, dass selbst ein Yogameister ins Staunen käme. Gelegentlich vergraben sie dabei ihre Krallen in den Teppich, machen einen ausgedehnten Buckel, strecken das Hinterteil hoch in die Luft, um Hinterbeine und Schwanz besser dehnen zu können. Einige Gähner noch, rasch das Gesicht geputzt ... und sie sind bereit für das nächste Abenteuer.

Die Lust der Berührung

Viele Katzen lassen sich gerne berühren, es ist offensichtlich, welches Vergnügen sie dabei empfinden, von einer anderen Katze geputzt oder von uns gestreichelt zu werden. Mit enthusiastischem Reiben und heftigem Schnurren zeigen sie ihre Begeisterung. Vermutlich werden durch die Berührung Endorphine im Gehirn frei gesetzt, die ihnen ein Glückgefühl verleihen und sogar Schmerzen unterdrücken können. Katzen sollen ein sehr wirkungsvolles Endorphinsystem besitzen, daher kennen Tierärzte viele Fälle von schwer verletzten Katzen, die offenbar keinen Schmerz verspürten. Vielleicht ziehen sich Katzen deshalb nach Unfällen auf der Straße an einen ruhigen Ort zurück. Die Schmerz stillenden Endorphine erlauben es ihnen, sich ohne zusätzliche Schmerzen zu bewegen. Sollten auch durch das Streicheln Endorphine freigesetzt werden, wäre das Schnurren gut verständlich.

Berührungen gehören zu den intensivsten Gefühlserlebnissen, und es ist bekannt, dass sich die Kinder von Menschen, Affen oder Hunden schlechter entwickeln, wenn ihnen der liebende, sorgende Körperkontakt fehlt; sie können sogar sterben. Das Gleiche gilt sicher auch für junge Kätzchen; in der Tat hängt ihr Überleben davon ab, dass sie von der Mutter berührt werden. Wenn die Katzenmutter nicht Bauch und After ihrer Babys ableckt, können die Jungen weder Darm noch Blase entleeren. Katzenmütter lecken und säubern regelmäßig ihre Jungen und fressen die Nahrungsreste auf, damit das Nest nicht feucht, kalt oder eine Brutstätte für Keime wird – jeder dieser Faktoren würde das Überleben der Jungen beeinträchtigen.

Fellpflege und Körperkontakt sind lebenswichtig für die Neugeborenen, die ihre Umwelt weder sehen noch gut hören können. Sie liegen im Nest der Mutter und sind auf ihren Duft und die Berührungen angewiesen. Katzen, die keinen regelmäßigen Körperkontakt erfahren, ziehen sich zurück und werden ängstlich. Möglicherweise sind ihre Versuche, sich selbst zu reinigen, sogar eine Kompensation für die fehlende Berührung durch andere. Katzenbabys reagieren auf diese Sicherheit mit Schnurren – dieses Verhalten, wie andere Verhaltensweisen der Kindheit, behalten sie auch als Erwachsene bei, wenn sie mit uns in der Sicherheit unserer Wohnungen zusammenleben.

Ein typisches jugendliches Verhalten ist das Treteln. Katzen, die wir auf unserem Schoß streicheln, beginnen zu schnurren und bewegen die Pfoten im Takt mit dem Streicheln; dabei fahren sie die Krallen ein und aus. Genauso haben sie sich als Babys verhalten, als das sanfte Massieren von Mutters Bauch die Milchdrüsen stimulierte. Wenn selbst ältere Katzen dieses Verhaltensmuster wieder aufnehmen, sollten wir uns glücklich schätzen: Die Katze fühlt sich in unserem Beisein so sicher und zufrieden, dass sie sich in unserem Schoß in ein kleines, schutzloses Kätzchen zurückverwandelt.

Fellpflege

Im Alter von etwa drei Wochen, häufig noch ehe sie laufen können, lernen Katzenbabys ihr Fell zu pflegen; sie benutzen ihre raue Zunge wie einen Kamm. Im Alter von sechs Wochen beherrschen sie dieses instinktive Verhalten perfekt. Katzen müssen ihr Fell in Ordnung halten, sie entfernen lose Haare und regen damit neues Haarwachstum an. Die Fellpflege verhindert, dass die Haare verfilzen und überzieht das Fell mit Sekreten aus den Hautdrüsen. Auf diese Weise bleibt es wasserdicht und schützt den Körper vor der Kälte. Andererseits verteilt die Zunge Feuchtigkeit auf dem Fell, die verdunstet und den Körper abkühlt. Daher putzen sich Katzen bei warmem Wetter oder großen Anstrengungen besonders intensiv. Bei ihrer ausgiebigen Fellpflege verlieren sie genauso viel Wasser wie über den Urin.

Fast jede Katze hat ein eigenes Ritual bei der Fellpflege. Es gibt Katzen, die ein Drittel ihrer wachen Zeit damit verbringen, sich von Kopf bis Fuß zu säubern; andere sind deutlich nachlässiger. Die meisten gehen jedoch systematisch und symmetrisch vor: Sie säubern mit den Pfoten das Gesicht und den Bereich hinter den Ohren. Dazu speicheln sie die Pfote zunächst gründlich ein, dann reiben sie damit mehrmals über die „schmutzige" Stelle kreisförmig von hinten nach vorn. Eine Untersuchung legt nahe, dass Katzen über eine spezielle „Reinigungsflüssigkeit" verfügen, die das Fell säubert. Ganz offenbar riechen Katzen sauber und strömen nicht den durchdringenden Geruch mancher weniger reinlicher Hunde aus.

Da sie ihren Körper stark verbiegen können, erreichen Katzen praktisch jede Stelle ihres Körpers. Die beste Möglichkeit, die beinahe unzugänglichen Flächen um die Ohren, auf dem Hals und unter dem Kinn zu säubern, ist jedoch die Hilfe einer befreundeten Katze. Katzen, die sich eine Wohnung teilen, benutzen die gegenseitige Fellpflege, um ihre sozialen Bande zu festigen. Sie besuchen sich gegenseitig, um dem Freund das Fell zu pflegen. Außerdem erzeugen sie durch den intensiven Körperkontakt den typischen Gruppengeruch, in den auch Menschen und andere Tiere, z.B. Hunde, eingebunden werden. Nachdem wir unsere Katze gestreichelt haben, beginnen sie gewöhnlich, sich zu waschen. Dabei überprüft sie unseren persönlichen Geruch und vermischt ihn mit dem Gruppengeruch.

Die meisten Kurzhaarkatzen halten ihr Fell perfekt sauber und sind kaum auf unsere Hilfe angewiesen. Dennoch können wir uns an dem Ritual beteiligen und damit die sozialen Bande festigen. Die Fellpflege mit Bürste oder Handschuhen sollte möglichst direkt einsetzen, nachdem das Kätzchen entwöhnt wurde – damit schlüpfen wir in die Mutterrolle.

Langhaarkatzen sind dagegen unbedingt auf unsere Hilfe bei der Fellpflege angewiesen, daher müssen wir erreichen, dass sie unsere Bemühungen akzeptieren und genießen. Moderne Perserrassen könnten draußen nicht überleben; da sie kaum mehr in der Lage sind, ihr langes Haar zu säubern oder zu entwirren, böte es keinen Schutz vor Regen und Kälte. Zudem haben viele Rassen mit langen Haaren (z.B. die kurznasigen Perserkatzen) zu kurze Nasen, um gleichzeitig zu atmen und das Fell zu säubern – und vor allem könnten sie nicht jagen. Zum Glück sind häufig gerade diese Rassen besonders anhänglich und tolerieren die Fellpflege. Beginnen Sie im jungen Alter, dann wird die Katze Ihre Rolle leichter akzeptieren – ob sie allerdings das regelmäßige Bürsten genießen wird, ist eine andere Frage!

FELLPFLEGE

Katzen können bis zu einem Drittel ihrer Zeit für die Fellpflege aufwenden. Parasiten hinter den Ohren und unter dem Kinn, wohin selbst die beweglichste Katze nicht mit ihrer Zunge hinreicht, entfernen sie durch Kratzen.

Die meisten Katzen sind äußerst gründlich. Sie drehen und winden ihren Körper so lange, bis jedes Fleckchen des Fells gesäubert wurde. Hinter den Ohren und auf dem Kopf reinigen sie sich mit den Vorderpfoten.

Sie bedecken die Vorderpfoten mit Speichel und reinigen Gesicht und Ohren mit einer kreisenden Bewegung von hinten nach vorn. Diese Anstrengung wird so lange wiederholt, bis sie zufrieden sind.

Stark verknotete Haare machen die größten Probleme; manche Katzen liefern regelrechte Kämpfe, wenn man ihnen mit Kamm, Bürste und Schere zu Leibe zu rückt. Noch drastischer könnte allerdings der Besuch eines Tierarztes ausfallen, wenn Ihre Katze nicht an regelmäßige und gründliche Fellpflege gewöhnt ist: Dann muss sie betäubt werden und das Haar wird auf Rücken und Flanken bis auf die Haut zurückgeschnitten. Halten Sie sich an die Grundregel: Beginnen Sie früh mit der Fellpflege, dann werden es die meisten Katzen genießen. Wenn Sie eine Langhaarkatze besitzen, dann

bürsten Sie sie mindestens einmal pro Tag – ob es Ihnen nötig erscheint oder nicht.
Natürlich gibt es Katzen mit sehr unterschiedlichen Vorlieben – manche genießen es sogar gebürstet zu werden. Fast alle jedoch lassen sich gerne am Kopf streicheln und kitzeln, einige fordern es sogar ein. Allerdings darf die Streichrichtung nicht gegen das Fell verlaufen. Vermutlich fühlen sich Katzen dabei unwohl, weil die Haare in einem Winkel aus den Wurzeln auswachsen und flach auf der Haut aufliegen; nur so bieten sie Schutz und Wärme. Da Nervenzellen in der Haut registrieren, wenn die Haare gesträubt werden, empfinden es Katzen als unangenehm, wenn ihr Fell „gegen den Strich" liegt. Auch hier gibt es Ausnahmen. Einige Katzen lieben es, gründlich gezaust und gekitzelt zu werden, sie rollen sich sogar auf den Rücken, damit man ihren Bauch erreichen kann, die verletzlichste und gewöhnlich am besten geschützte Stelle. Die meisten Katzen lassen Kitzeln zu, doch irgendwann packen sie die Hand mit Krallen und Zähnen. Während sie zunächst völlig entspannt und genussvoll das Kitzeln zu genießen scheinen, schalten sie in der nächsten Sekunde um und greifen die kitzelnde Hand an. Amerikanische Forscher nennen dieses Verhalten „Streicheln-und-Beißen-Syndrom" und interpretieren es als Abwehrreflex: Zunächst entspannt sich die Katze, stellt dann aber fest, sie sei doch zu verletzlich und beginnt mit aggressivem Verhalten – oft für beide Seiten überraschend.

Fellpflege ist aber mehr als Hygiene und soziales Band, sie kann auch dabei helfen, Spannungen abzubauen. Vielleicht ist Ihnen aufgefallen, dass viele Katzen nach einem Kampf oder bei Erregung ihr Fell pflegen. Auch wenn sie vor einem Dilemma stehen – z.B. möchten sie gerne hinaus, obwohl die Katzenklappe geschlossen ist – beginnen sie mit der Fellpflege. Um den Konflikt zu bewältigen, schalten sie auf eine so genannte „Übersprungshandlung" um. Menschen in solchen Situationen kratzen sich am Kopf oder fahren sich durch die Haare. Sogar bei dauerhaftem Stress – sie haben Schwierigkeiten mit einer anderen Katze in der Wohnung, sind frustriert oder langweilen sich – kann eine Katze dieses Verhalten zeigen. So lange sie sich das Fell pflegt, entspannt die Katze für eine gewisse Zeit. Wird das Übersprungs-Putzen jedoch zur Dauereinrichtung, bilden sich schließlich kahle Stellen am Rücken oder auf den Oberschenkeln. In extremen Fällen lecken sich Katzen die Haut sogar so lange, bis rote, wunde Stellen auftreten. Im letzten Kapitel (Seite 156) werde ich ausführlicher auf diese Verhaltensstörung eingehen.

Jagd

Eigentlich ist die Jagd eine angeborene Reaktion auf ein bewegliches Ziel, eine Reaktion, die wie ein innerer Zwang abläuft und sowohl ererbte als auch erlernte Fähigkeiten erfordert. Bereits kleine Katzen erlernen die Jagd, wenn ihnen die Mutter schwer verletzte Beute ins Nest bringt. Nach dem Prinzip Versuch-und-Irrtum verbessern die Kätzchen ihre Fähigkeiten, ein Tier zu jagen und zu töten. Im Zusammenspiel mit der Mutter, den Geschwistern und der Reaktion auf die Umgebung lernen sie, ihre Jagdfähigkeiten zu koordinieren und zu verbessern.

Auf der Jagd nach potentieller Beute durchstreifen Katzen Felder, Gärten und Hecken mit extrem angespannten Sinnen. Immer wieder halten sie an, um die Umgebung zu prüfen. Biologen nennen diese aktive Strategie Pirschjagd. Katzen können aber auch in einer vertrauten Umgebung auf Mäuse lauern, die einen bestimmten Weg benutzen oder unterhalb eines Vogelnestes darauf warten, dass ein Vogeljunges aus dem Nest fällt. Diese „Sitzen-und-warten"-Strategie wird als Ansitzjagd bezeichnet. Katzen, die nach dieser Strategie jagen, werden sich sehr vorsichtig vor einem Mäuseloch in Positur setzen und auf das erste Zeichen von Bewegung lauern. In der Tat verhalten sich Hauskatzen, die vor ihrem Napf auf den Menschen mit Futter warten, genau wie bei einer Ansitzjagd.

Viele Katzenbesitzer reagieren entsetzt, wenn sie sehen, wie ihre Katze mit der Beute spielt und sie scheinbar zu Tode quält, statt sie sofort zu töten. Wird dieses Spiel sehr lange ausgedehnt, deutet dies darauf hin, dass die junge Katze niemals gelernt hat, effektiv zu töten. Vielleicht brachte die Mutter keine halbtoten Mäuse zum Üben mit ins Nest. Solche Katzen behandeln die Beute genauso wie ein Spielzeug, das sie hin und her über den Boden schieben, oder wie den Schwanz ihrer Geschwister, mit dem sie während ihrer Jugend gespielt hatten. Vielleicht benutzt die Katze ihre halbtote Beute auch nur dazu, um ihre Jagdfähigkeiten zu verbessern. Sie weiß, dass ihr dieses Opfer nicht entkommen kann und jederzeit als Mahlzeit zur Verfügung steht. Kaum eine unserer wohlgenährten Hauskatzen ist darauf angewiesen, eine Beute rasch zu töten, um ihren Hunger zu stillen. Daraus ergibt sich für viele Menschen die Frage, warum unsere Hauskatzen überhaupt noch Tiere töten. Nicht unbedingt alles, was eine Katze tötet, dient ihr auch als Futter. Manche Katzen üben, andere benutzen die Tiere nur als eine Art lebendes, quiekendes Spielzeug, das sich aktiv bewegt. Vielleicht versetzt sie auch die Jagd an sich – wie manche Menschen und viele Hunde – in eine gespannte Hochstimmung, die verfliegt, wenn die Beute tot ist. Um die Spannung zu erhalten, muss die Katze ihr Opfer wieder zum Leben erwecken, z.B. indem sie es kurzzeitig frei lässt. Die meisten Katzen verlieren das Interesse sobald die Beute tot ist. Dann fressen sie ihr Opfer auf oder lassen es liegen, um nach einem neuen zu suchen. Jagen und Töten sind Verhaltensweisen, die nicht direkt vom Hunger einer Katze bestimmt werden.

Manche Katzenbesitzer hängen ihren Katzen ein Glöckchen um, damit Vögel und Mäuse gewarnt werden, doch die meisten Katzen lernen rasch, sich lautlos zu bewegen. Wenn sie nach der „Sitzen-und-Warten-Strategie“ vorgehen, hören die Opfer das Glöckchen erst, wenn es längst zu spät ist. In einem Garfield-Cartoon wird dieser Versuch des Katzenbesitzers dadurch karikiert, dass Garfield eine Glocke von Kirchenglockenformat um den Hals tragen muss.

Man kann Katzen aber dazu erziehen, keine Beute mehr ins Haus zu bringen, indem man Abschreckungsstrategien einsetzt, auf die ich später noch eingehen möchte. Allerdings geben sie dann nicht die Jagd als solche auf, sie bringen ihre Opfer nur nicht mehr ins Haus.

Fressen

Katzen, die sich selbst überlassen werden, überleben mit Hilfe von drei Strategien: Sie jagen, suchen nach Aas und verlassen sich auf die Futtergaben freundlicher Zeitgenossen. Katzen, die vorher längere Zeit bei den Menschen gelebt haben, werden nehmen, was sie kriegen können, oder versuchen, nach und nach den Weg in die Herzen einer neuen Familie zu finden.

Über das regelmäßige Füttern stärken wir die Bande zu unseren Katzen, weil wir damit in die Rolle der sorgenden Katzenmutter schlüpfen. Die meisten Hauskatzen brauchen niemals die Pfote zu heben, um eine eigene Mahlzeit zu erbeuten; was sie benötigen, erhalten sie von ihrem Besitzer – sie müssen nur ein bisschen betteln, wenn es darauf ankommt. Warum also gehen die meisten Katzen dennoch auf die Jagd, obwohl sie alles bekommen, was sie zum Leben brauchen?

Hunger und Jagdlust werden von unterschiedlichen Abschnitten des Katzengehirns gesteuert. Daher wird auch eine Katze mit wohl gefülltem Magen ab und zu Lust verspüren, ins Freie zu gehen und auf Beutejagd zu gehen – der volle Napf bietet hierfür keinerlei Ersatz. Würde der gefüllte Magen die Jagdleidenschaft unserer Katzen dämpfen, müssten wir schweren Herzens auf viele vergnüglich zu beobachtende Spiele verzichten, die wir an unseren Katzen so lieben. Die Jagd auf Schnüre, nach Bällen oder das Springen nach aufgehängten Leckerbissen sind Verhaltensweisen, die auch bei der Jagd ausgeübt werden. Vielleicht gäbe es einige Katzenbesitzer mit besonders erfolgreichen Jägern, die zugunsten der zahlreichen toten Vögel, Mäuse, Wühlmäuse, Frösche und anderen Opfern sogar auf Jagdspiele verzichten würden – wenn es denn möglich wäre, eine Katze durch Futter von ihrer Lieblingsbeschäftigung abzuhalten.

Selbst ältere Katzen fallen wieder in kindliches Verhalten zurück, wenn sie ein Wollknäuel entdecken. Die spielerischen Abläufe, die bei Kätzchen so niedlich aussehen, sind nichts weiter als Vorübungen für die Jagd, sie trainieren Balance, Schnelligkeit und Beweglichkeit, selbst wenn die Kätzchen später niemals jagen werden.

Häufig fressen Katzen ihre Beute gar nicht auf. Was uns wie eine Verschwendung erscheint, kommt bei vielen Raubtieren vor. Da sie nicht besonders gut schmecken, werden Spitzmäuse und Wühlmäuse gewöhnlich verschmäht. Andere Katzen lassen Gallenblase oder das Gedärm von schmackhafteren Opfern wie Mäusen oder Vögeln liegen, während wieder andere ihre Opfer mit Fell und Federn verspeisen. Unser schwarz-weißer Kater *Bullet* hat die Angewohnheit, seine Beute bis zum Napf mit dem Trockenfutter zu schleppen. Dann frisst er sie auf und lässt nur die kleine Gallenblase auf dem Futter liegen. Warum Katzen ihre Beute ins Haus bringen, ist noch nicht eindeutig geklärt. Vielleicht wollen sie ihre Opfer in der Sicherheit ihres Baues verspeisen, wo sie entspannt und sicher vor konkurrierenden Rivalen sind. Vielleicht fühlen sie sich als Katzenmutter, die ihrer Familie Futter ins Nest bringt. Andere Katzen scheinen Beute als eine Art „Geschenk“ zu präsentieren – nicht immer zur Freude des Katzenbesitzers, insbesondere, wenn die Mäuse nicht stark verletzt sind, entkommen können und sich im Haus niederlassen. Untersuchungen in dem Dorf Felmersham haben ergeben, dass die 70 Hauskatzen innerhalb eines Jahres insgesamt 1.000 Beutetiere nach Hause schleppten. Dabei waren einige Katzen mehrfach erfolgreich, während andere nur selten einmal Beute fingen.

Was also mögen Katzen, wie oft sollten wir sie füttern und wie können wir das Futter dazu verwenden, ihre Bindung an uns zu stärken? Die Auswahl des Katzenfutters richtet sich oft nach den Vorlieben des Katzenbesitzers und erweist sich als schwierig, da uns die Werbung mit ständig neuen Angeboten bombardiert. Fast immer sind die Geschmacksrichtungen und Zubereitungen danach ausgerichtet, was wir appetitlich finden. Daher hätten Dosen mit Mäusen, Spatzen oder Ratten keine Verkaufschance, obwohl gerade sie das perfekte Futter für Katzen darstellen.

Können uns Katzen verraten, welche der vielen Geschmacksrichtungen sie bevorzugen? Wie ich im ersten Kapitel ausgeführt habe, besitzen Katzen einen ausgezeichneten Geruchs- und Geschmackssinn, der empfindlich auf Proteine und Fette reagiert. Außerdem erkennen sie den Geschmack von Wasser, nicht jedoch von süßen Speisen. Fast immer entscheiden sie bereits durch das Riechen, ob sie ein bestimmtes Futter mögen oder nicht. Dann erst berühren und schmecken sie das Futter. Fast alle Katzen bevorzugen Futter mit „Wild-Geschmack". Unsere eigenen Katzen sind verrückt nach Kaninchen und Fasan (und natürlich nach Speck und geräuchertem Lachs – die Glücklichen!), während sie von anderen Fleischsorten nicht besonders angelockt werden.

Bietet man einer Katze zwei gleichwertige Futternäpfe an, werden sich die meisten für die neue Geschmacksrichtung entscheiden, denn Katzen mögen regelmäßige Abwechslung. Andererseits wählen nervöse Katzen eher den vertrauten Geschmack, da sie eher an Sicherheit und Bestätigung interessiert sind. Natürlich hat jede Katze ganz bestimmte Vorlieben, entweder für Dosen-, Trocken- oder frisches Futter. Am besten gewöhnen Sie Ihre Katze von klein auf an ein unterschiedliches Futterangebot. Damit sorgen Sie nicht nur für eine ausgewogene Ernährung, sondern verhindern auch, dass Ihre Katze von einem bestimmten Futter oder einer Geschmacksrichtung abhängig wird. Die trockene Vollnahrung, die ursprünglich in den USA entwickelt wurde, besteht aus einer ausgewogenen Mischung von Proteinen und Fetten, Mineralien und Vitaminen unterschiedlicher tierischer Herkunft, sodass man hier weniger auf Vielfalt achten muss.

Der Appetit einer Katze richtet sich nach ihrem psychischen Zustand und der Art und Weise, wie das Futter angeboten wird. Fremde Geräusche, neue Menschen, selbst der Wechsel des Futternapfes können den Appetit einer Katze beeinflussen. Da Katzen hervorragend schmecken und riechen, lehnen sie bereits geringfügig verdorbenes Futter ab. Am liebsten verzehren sie Futter, das mit 25–40 °C etwa der Körpertemperatur ihrer natürlichen Beute entspricht. Daher sollten Sie Katzen möglichst nicht direkt mit Futter aus dem Kühlschrank versorgen. Es riecht und schmeckt bei niedrigen Temperaturen deutlich schlechter. Auch wenn der Futternapf zu nahe am Katzenklo steht, verweigern Katzen entweder das Futter oder benutzen die Toilette nicht mehr. Vermutlich würden wir ähnlich reagieren, wenn der Esstisch direkt neben der Toilette stünde. Katzen bevorzugen einen etwas abgelegenen Futterplatz, wo sie in Sicherheit vor Hunden oder neugierigen Kindern ihr Futter verzehren können.

Hauskatzen, deren wilde Vorfahren aus der Wüste stammen, haben niemals Fische gefangen (es gibt nur eine einzige Art, die indische Fischkatze, die regelmäßig Fische fängt). Bis auf den sprichwörtlichen Goldfisch, den sie sich aus dem Aquarium angeln, bekommen Katzen ihren Fisch nur von uns Menschen. Vermutlich entstand die enge Verbindung zwischen Katzen und Fisch erst nach dem Zweiten Weltkrieg. Damals verwendeten viele Produzenten von Katzenfutter den preiswerten Fisch als Proteinlieferant und propagierten dies auch in der Werbung – offenbar erfolgreich, denn bis heute gilt Fisch als perfekte Katzennahrung. Allerdings bestätigen Ausnahmen die Regel, denn manche Katzen mögen keinen Fisch, wie mir Katzenbesitzer bestimmt bestätigen können.

Obwohl jede Katze ganz eigene Vorlieben entwickelt, in einem Punkt sind alle gleich: Sie brauchen Fleisch und dürfen nicht vegetarisch ernährt werden. Während Menschen und Hunde als Allesfresser entscheiden können, ob sie auf Fleisch verzichten wollen (es gibt wirklich Hunde, die als zufriedene Vegetarier leben), sind Katzen auf Fleisch angewiesen. Nur Fleisch enthält alle Inhaltsstoffe, wie z.B. Taurin, die eine Katze zum Überleben braucht. Allerdings werden spezielle vegetarische Futtermischungen angeboten, denen Taurin und andere lebenswichtigen Nährstoffe beigemischt wurden. Gewöhnliches vegetarisches Futter ist für Katzen absolut ungeeignet. Wenn Katzen Gras und Zimmerpflanzen fressen, dann wohl nur als Brechmittel, das sie gleich wieder auswürgen. Natürlich gibt es Katzen, die Gemüse mögen, aber eine reine Pflanzennahrung versorgt sie nicht mit den lebensnotwendigen Nährstoffen.

Ist es besser, einer Katze einmal am Tag eine große, oder mehrmals am Tag kleine Portionen zu servieren? Die meisten Hunde verschlingen ihre Nahrung in einem Rutsch, wie es Wildhunde oder Wölfe im Rudel tun. Dort ist die Nahrungskonkurrenz groß und nicht sicher, wann es wieder Beute gibt. Nur die Rangordnung gewährleistet, dass es um die Beute nicht jedes Mal zu heftigen Kämpfen mit Verletzungen kommt. Zuerst frisst das ranghöchste Tier, dann folgen die anderen entsprechend ihrem Rang in der Gruppe. Der letzte Hund in der Rangordnung kann nur darauf hoffen, dass etwas für ihn übrig bleibt. Katzen sind dagegen Einzeljäger; sie sind weniger gierig und nagen von ihrer Beute nur so viel ab, wie sie brauchen. Bei Studien, in denen man es den Katzen selbst überließ, entschieden sie sich während eines Tage für mehr als 20 kleine Nahrungsportionen, was den natürlichen Verhältnissen besonders nahe kommt. Jede Maus – die Hauptbeute unserer Hauskatzen – liefert 30 Kcal. Eine aktive, 3,5 kg schwere Katze braucht täglich rund 300 Kcal, also zehn Mäuse am Tag. Da unsere Katzen keine Mäuse jagen müssen, sondern in der Regel wohlgenährt sind, brauchen sie nur einmal am Tag eine ausreichende Nahrungsmenge in ausgewogener Qualität – auf die Jagd gehen sie dennoch. Schwangere oder säugende Katzen haben allerdings einen höheren Nährstoffbedarf.

Fressen ist für eine Katze aber mehr als Kalorien- und Nährstoffaufnahme; die Fütterung knüpft ein engeres Band zwischen der Katze und ihrem Halter. Für welche Futterform Sie sich auch entscheiden, Sie sollten die Zeit der Fütterung für eine intensive Beschäftigung und Kommunikation mit Ihrer Katze nutzen. Wenn die Katze um Futter bettelt und wir entsprechend reagieren, dürfen wir auf warmes Entgegenkommen rechnen.

Rufen Sie ihre Katze zur Fütterung und sie wird kommen. Viele kommen sogar schon bevor Sie rufen, denn sie haben an vielen Anzeichen bemerkt, dass die Fütterung bevorsteht. Sie haben nach dem Büchsenöffner gesucht, den Futternapf gespült oder eine bestimmte Schranktür geöffnet – Ihre Katze reagiert auf diese Zeichen und taucht wie aus heiterem Himmel auf. Während Sie den Napf füllen, wird Ihre Katze miauen, sich an Sie schmiegen – vielleicht sogar an den Futternapf – alles um Sie zu ermuntern und Sie von jeglicher Ablenkung fernzuhalten. Es folgt ein rasches Schnüffeln, um die Qualität des Menüs zu überprüfen, dann versenkt die Katze ihre Schnauze im Futter und lässt sich nicht mehr ablenken; vergessen ist das höfliche, freundliche Verhalten – der Mensch wird nicht mehr benötigt!

Obwohl es grundsätzlich möglich wäre, eine Katze mit einer oder zwei frischen Mahlzeiten zu ernähren, oder ständig einen Napf mit Trockenfutter bereitzustellen, mahnen Verhaltensforscher an, stärker das natürliche Verhalten zu berücksichtigen. Vor allem im ersten Jahr braucht eine Katze häufige aber kleinere Futterportionen. Wenn man bei jeder Fütterung mit der Katze kommuniziert, schlüpft der Katzenhalter in die Position der Mutter. Jeweils zur Fütterungszeit kommt es zur engen Interaktion zwischen Mensch und Katze, wobei der Mensch die Mutterrolle intensivieren und eine echte Freundschaft mit seiner Katze aufbauen kann. Diese Bindung ist der Kern einer erfüllten Beziehung zwischen Mensch und Katze und der Grund, warum beide diese Beziehung ganz entspannt genießen können. Sobald die Beziehung gefestigt ist, können Sie ruhig zu Trockenfutter oder weniger Mahlzeiten täglich übergehen.

Im Unterschied zu ihren gierigen Hundekumpanen fressen Katzen immer nur so viel, wie sie gerade brauchen. Daher neigen sie weniger zu Fettleibigkeit. Da es zwischen den einzelnen Katzenrassen und sogar individuellen Katzen derselben Rasse deutliche Größenunterschiede gibt, ist es schwer, ein Idealgewicht festzulegen. Wenn Sie das Gefühl haben, Ihre Katze sei übergewichtig, sollten Sie Haut und Fettschicht direkt unter dem Bauch kontrollieren – bei fetten Katzen schwingen sie wie eine „Schürze" hin und her. Viele Katzen, insbesondere orientalische Rassen, legen nicht am ganzen Körper zu, sondern speichern das Körperfett nur in diesem Bereich unter dem Bauch. Sollte eine Diät erforderlich sein, kann Sie Ihr Tierarzt beraten, wie man das Gewicht einfach und sicher wieder reduziert. Manche Katzen schaffen es allerdings auch, Riesenportionen zu verschlingen, ohne ein Gramm Übergewicht anzusetzen.

Ein sauberer Job!

Für eine Katze gehört Sauberkeit zum Leben. Sie verbringt nicht nur ein Drittel ihrer wachen Zeit damit, sich zu putzen, sie ist auch peinlich sauber und diskret in Bezug auf ihre Toilette – ein weiterer Grund, warum Katzen so beliebte Haustiere sind. Normalerweise suchen sie sich einen möglichst nach allen Seiten geschützten Ort, wie eine Ecke im Garten oder unter einer Hecke, wo sie während des Kotens, also in einer äußerst verletzlichen Stellung, nicht gefährdet sind. Dann graben sie an dem ausgesuchten Platz die weiche Erde auf (besonders beliebt sind neue Saatbeete), erleichtern sich in das Loch, schnuppern und scharren alles mit Erde wieder zu. Da dies alles außerhalb der Wohnung geschieht, machen wir uns nur selten Gedanken darüber. Allerdings beweisen die enormen Umsätze der Firmen für Katzenstreu, dass sich viele Menschen um „das andere Ende" ihrer Katze sorgen und viel Aufwand betreiben, ihrer Hauskatze auch diesen Teil des Lebens so angenehm wie möglich zu gestalten.

Häufig benutzen Katzen ihr Katzenklo in der Wohnung nur für kurze Zeit, etwa sehr junge, noch nicht geimpfte Katzen, die im Freien sehr anfällig gegenüber Infektionen wären; auch kranke oder sehr alte Katzen bevorzugen das Katzenklo in der Wohnung. Natürlich ist es unverzichtbar für reine Zimmerkatzen, die niemals ins Freie dürfen. Bestimmte Rassekatzen, wie meine *Flirty* und *Bean*, mögen kein ungemütliches, kaltes Wetter und graben schon gar kein Loch in gefrorene Böden. Sie alle ziehen das bequeme Katzenklo in der Wohnung vor. Meinem Kater *Bullet* ist jedoch, wie den meisten Promenadenmischungen, das Wetter gleichgültig – er würde niemals ein Katzenklo in der Wohnung benutzen.

Kätzchen, die im Alter von sechs bis zwölf Wochen ins Haus kommen (manche Stammbaumkatzen sind sogar üblicherweise noch älter), sind bereits an das Katzenklo gewöhnt und benutzen es ohne Probleme. Das ist aber nicht unser Verdienst, sondern beruht auf der Erziehung durch die Katzenmutter, die ihre Jungen regelmäßig zum Katzenklo führt. Sofern das neue Familienmitglied weiß, wo das Katzenklo steht und auch hineingelangt, wird der Umzug in die neue Wohnung glatt vonstatten gehen. Schon die kleinsten Katzenkinder lernen, sich niemals neben dem Schlafplatz zu entleeren. Kurz nach der Geburt können sie nur dann urinieren und koten, wenn sie die Mutter durch Ablecken des Unterbauchs und der Genitalien dazu anregt. Dieser Reflex der Kätzchen bleibt bis zum Alter von fünf Wochen erhalten, obwohl sich die meisten bereits nach drei Wochen bewusst entleeren können. Sobald die Kätzchen damit beginnen, ihre Umgebung zu erkunden und sich außerhalb des Nestes umsehen, kümmert sich die Mutter noch um ihre Toiletten-Bedürfnisse. Sie trägt sie vom Nest weg und bringt ihnen damit für das ganze Leben lang bei, dass man seinen Schlafplatz nicht beschmutzt. Gute Katzenmütter sind gute Lehrerinnen und deren Töchter geben die Erfahrungen an die nächste Katzengeneration weiter.

Im Spiel pinkeln die Kätzchen auf den Boden, sie erkunden das Katzenklo und die Umgebung. Instinktiv kratzen sie lockeres, weiches Material zusammen. Außerdem beobachten sie ihre Mutter und ahmen ihr Verhalten nach. Schon bald gehören der Geruch des

Katzenklos und die Erleichterung zusammen. Im Alter von etwa sechs Wochen, wenn sie entwöhnt werden, haben die meisten Kätzchen bereits gelernt, das Katzenklo zu benutzen. Später, wenn sie nach den Schutzimpfungen ins Freie dürfen, behalten sie die erlernten Verhaltensweisen bei und übertragen sie auf die Erde im Garten.

In der Tat bleibt uns nicht viel Arbeit übrig. Wir sollten neue Katzen unmittelbar nach der Fütterung oder nach dem Aufwachen ins Katzenklo setzen. Da sie sich zu diesen Zeiten gewöhnlich erleichtern, fällt es ihnen nicht schwer, das Katzenklo als Ort für diese Tätigkeit zu akzeptieren. Allerdings sollten wir uns gut überlegen, wo wir das Katzenklo hinstellen. Da Katzen üblicherweise ruhige, versteckte Plätze bevorzugen, werden sie eine offene Toilettenschale in einem Durchgang oder neben einem Hundekörbchen ganz sicher meiden. Stellen sie besser einen abgedeckten Toilettenkasten mit Schlupfloch für die Katze in eine ruhige Ecke – hier fühlt sich die Katze sicher und wird das Katzenklo benutzen. Abgedeckte Katzenklos sind besonders für die eifrigen Gräber unter den Katzen von Vorteil, weil sie daraus keine Katzenstreu in der Umgebung verteilen können.

Da Katzen gerne graben, sollten Sie das Katzenklo nicht mit alten Zeitungen auslegen. Es gibt auch Katzen, die bestimmte Formen von Katzenstreu bevorzugen. Als ehemals wilde Wüstentiere lieben sie lockeren (Sand-)Boden; verwenden Sie daher möglichst feines Streumaterial. Die Vorliebe für Sand erklärt auch, warum viele Katzen gerne die Sandhaufen auf Baustellen benutzen – sehr zur Überraschung der Bauherren. Eltern mit Kindern wissen, dass Katzen gerne Sandkästen aufsuchen. Immerhin kann man die Vorliebe für Sand dazu benutzen, die Straßenkatzen von seinen frisch geglätteten Beeten fernzuhalten – bieten Sie ihnen einfach eine Sandfläche an. Für die Katzen der Umgebung ist ein kleiner Sandhaufen in einer Gartenecke viel attraktiver als die Erde in einem Saatbeet. Allerdings gibt es zum Leidwesen der Gärtner fast immer eine Katze, die sich nicht an diese Regeln hält. In seinem Buch *Reisen mit Tschaikowsky, Geschichte über eine Katze*, erzählt Ray Hudson von seinen Weltreisen mit der Katze Tschaikowsky. Er musste Tschaikowsky sogar mitten in der Wüste ein Katzenklo hinstellen, weil der sich weigerte, den Sand zu benutzen. Soviel zu den ägyptischen Ahnen!

Katzenstreu und -klo müssen frei von Ungeziefer und Keimen sein, daher sollte die Sandfüllung sterilisiert werden; manche Aquariengeschäfte bieten keimfreien Sand an. Normale Katzenstreu wird aus Tongranulat hergestellt, das im feuchten Zustand verklumpt. Vielfach werden Pellets aus Holzschnipseln hergestellt, die mit feinem Tongranulat vermischt werden. Katzen, die ausschließlich in der Wohnung leben, haben weichere Pfotenballen als Katzen, die ins Freie dürfen. Ihre Fußsohlen haben sich nicht an harten Beton, Asphalt oder an die kalten Nächte auf Ziegelmauern angepasst. Daher ziehen reine Stubentiger die etwas feineren Varianten der Katzenstreu den gröberen Partikeln vor.

Von der Art der Katzenstreu hängt auch ab, wie häufig sie gewechselt werden muss. Manche Produkte müssen regelmäßig komplett ausgetauscht werden, andere klumpen zusammen, sodass Kot und Urin als kompakte Klumpen entsorgt werden können – der Rest darf weiter verwendet werden. Allerdings sollte man das Katzenklo regelmäßig überprüfen, damit die Katze die Streu nicht beim nächsten Mal zerkratzt und verteilt. Überprüfen und reinigen Sie das Katzenklo mindestens einmal täglich; so entfernen sie den groben Schmutz, bewahren aber den für die Katze wichtigen Eigenduft. Dieser Duft, den die Katze als Erkennungssignal nutzt, ist vor allem beim Eingewöhnen kleiner Kätzchen erforderlich.

Da Katzen gewöhnlich sehr reinlich sind, sind „Unfälle" eher selten. Aus der Sicht der Katzen kommt es nur dann zu diesen sehr profanen aber notwendigen Erleichterungen, wenn sie unter Stress stehen. Wie man seine Katze entspannt und damit Probleme vermeidet, werde ich im letzten Kapitel beschreiben. Hier finden Sie auch Lösungsstrategien für kranke oder nervöse Katzen.

TIPPS: So kommen Sie Ihrer Katze näher

- Begrüßen Sie Ihre Katze von Angesicht zu Angesicht und tauschen Sie Düfte aus, indem Sie die Katze streicheln und reiben.
- Halten Sie Ihre Hände so lange von nervösen Katzen fern, bis sie sich wieder beruhigt haben.
- Katzen lernen einsilbige schneller als lange Namen. Reden Sie Ihre Katze immer mit demselben Tonfall an, dann merkt sie, dass sie gemeint ist.
- Für Katzen sind Berührungen sehr wichtig, achten Sie darauf.
- Beginnen Sie mit der Fellpflege bereits bei kleinen Kätzchen; die Pflege darf niemals in einen Kampf ausarten.
- Füttern Sie nicht direkt aus dem Kühlschrank, sondern erwärmen Sie das Futter auf Zimmertemperatur.
- Stellen Sie einen warmen, sicheren Schlafplatz bereit.
- Füttern Sie eine neue Katze möglichst oft, um eine enge Bindung aufzubauen.
- Entfernen Sie übrig gebliebenes Futter. Katzen mögen den Duft ranzigen Fettes nicht.
- Katzen sind keine Vegetarier!
- Stellen Sie das Katzenklo an einen sicheren Platz und wählen sie Streu aus, die Ihre Katze mag.

Mensch und Katze

Bisher habe ich darüber berichtet, wie man das Wissen über Verhalten und Vorlieben einer Katze dazu nutzen kann, mit ihr zu kommunizieren und ihren Wünschen zu entsprechen. Natürlich ist diese Beziehung durchaus eigennützig: Was erwarten wir von ihr, und wie können wir erreichen, dass eine Katze auch möglichst viele unserer Erwartungen erfüllt?

Vielleicht gelingt es den Katzen eines Tages, den bisher besten Freunde des Menschen (den Hund) an Bedeutung übertreffen – vielleicht als bester Freund der Frauen, denn es gibt mehr weibliche als männliche Katzenbesitzer (obwohl sich die Zahlen durchaus ändern könnten). Immerhin leben in unseren Wohnungen deutlich mehr Katzen als Hunde, auch wenn es mehr Haushalte mit Hunden als mit Katzen gibt. Dies liegt daran, dass in einem Haushalt selten mehr als ein Hund aber oft zwei und mehr Katzen gehalten werden. Wenn man bereits eine Katze besitzt, macht eine zweite auch nicht mehr Arbeit. Dasselbe kann man von Hunden nicht unbedingt behaupten. Sie sind größer, brauchen mehr Zuwendung, täglichen Auslauf, machen Lärm und Dreck; zwei Hunde bedeuten mehr Arbeit als einer. Manche Menschen, die niemals ihr Leben mit einer Katze teilten, werden nicht verstehen, wie ein derart unabhängiges Tier, das nicht einmal gehorcht, seinen Platz in den Herzen so vieler Menschen erobern konnte. In der Tat scheinen wir Katzenliebhaber es mit der Formel zu halten: Entweder man mag sie ganz oder gar nicht – Zwischenstufen gibt es offenbar nicht. Mehr als 50 % der Katzenbesitzer erlauben es ihrer Katze, im Bett zu schlafen und viele machen ihr Geburtstags- oder Weihnachtsgeschenke. Dabei ist völlig unsicher, ob eine Katze solche Zuwendung überhaupt wahrnimmt. Einige wenige Menschen fürchten sich vor Katzen. Wenn sie zusammen mit Katzen in einem Raum sind, erleiden sie Angstgefühle wie andere Menschen bei großen Spinnen oder Schlangen. Wie bei allen Phobien gibt es dafür keine sachliche Erklärung. Warum also lieben wir unsere Katzen so sehr? Wie ist es ihnen gelungen, so eng an unserem Leben Anteil zu haben?

Die anpassungsfähige Katze

Vermutlich waren es die alten Ägypter, die erstmals Katzen an die Menschen gewöhnten. Die Tiere erwiesen sich als nützliche Mäuse- und Rattenjäger und hielten die Kornspeicher weitgehend schädlingsfrei. Genau das dürfte vermutlich die am wenigsten wichtige Eigenschaft sein, die wir an heutigen Hauskatzen schätzen. Katzen haben sich niemals wie die Hunde speziell für menschliche Bedürfnisse züchten lassen; sie arbeiten nicht mit Schafen, helfen nicht bei der Jagd oder bei der Bewachung unserer Häuser. Obwohl uns die Züchter eine Vielzahl wertvoller Farb- und Formvarianten beschert haben, nimmt die gute alte Straßenkatze noch immer die Spitzenstellung unter den Hauskatzen ein.

Wie also konnte es der Katze gelingen, derart beliebt zu werden, ohne sich zu verändern? Sowohl Katze wie Hund gleichen noch ihren wilden Vorfahren. Auch ein Haushund ist noch zu 75 % Wolf, selbst wenn die Züchter alles unternommen haben, seine Gene zu verändern. Nach den jüngsten Untersuchungen sind die Katzen genetisch immer noch weitgehend identisch mit der afrikanischen Sand- oder Falbkatze; sie haben sich nur daran gewöhnt, in unserer Welt zu leben. Was sich allerdings dramatisch verändert hat, ist unsere Welt und unsere Gesellschaft. Sowohl Katzen als auch Hunde mussten mit diesen Veränderungen fertig werden. Es spricht für die Flexibilität der beiden Arten, dass sie bisher mit allen

Umwälzungen Schritt halten konnten, doch die zunehmende Verstädterung unserer Umwelt dürfte sie vor neue Probleme stellen. Die Rolle des Menschen, insbesondere die veränderte Stellung der Frau, die im Berufsleben Karriere macht, hat sich gewandelt. Noch vor wenigen Jahrzehnten übernahmen Frauen die traditionelle Rolle als Hausfrau mit Kindern, Katze und Hund. Sicher gibt es immer noch Frauen und auch Männer, die den ganzen Tag zu Hause bei der Familie bleiben, aber häufig nur für einige Jahre und nicht für das Lebensalter eines Haustieres. Da die Kinder in Kindergärten und Schulen gehen und erst zusammen mit den Eltern nach Hause kommen, bleiben viele Haustiere die größte Zeit des Tages allein.

Erst vor einigen Generationen verlagerte sich das Leben der Menschen vom Land in die Städte, wo es genügend Arbeit gab. Heute leben sehr viele Menschen in stadtartiger Umgebung, selbst wenn es in den Außenbezirken noch viel Grün gibt. Damit ist nicht gesagt, dass sich die Menschen nicht mehr nach einem Leben auf dem Land sehnen, aber dort gibt es nicht genug Arbeitsplätze. In der Stadt finden sie außerdem vielfältige Freizeitaktivitäten, bessere Schulen und Verkehrsanbindung.

Immerhin setzen sich mehr und mehr flexible Arbeitszeiten durch und auch die Arbeit zu Hause (dank einer expandierenden Informationstechnologie) gewinnt an Bedeutung. Dennoch werden wohl noch viele Jahre vergehen, bis die Menschen nicht mehr täglich ihr Haus verlassen und zur Arbeit gehen müssen. Damit stellen sowohl Katzen wie Hunde für viele Menschen die ersehnte Verbindung zur Natur dar, bei ihnen können sie sich gehen lassen und mit ihnen interagieren.

Ein Bauernhof oder ein großes Haus mit Garten und in der Nähe von Spazierwegen wäre der ideale Ort für einen Hund, in der Realität leben die meisten Hunde jedoch in Städten, wo sie nur unter Aufsicht auf bestimmten Flächen ausgeführt werden dürfen. Je dichter die Besiedlung und je kleiner die Grünflächen, desto schwieriger wird es für einen Hundebesitzer, einen wirklich adäquaten Platz für seinen Hund zu finden, wo er laufen, koten und urinieren kann. Katzen können durch eine Katzenklappe beliebig ein- und ausschlüpfen und benutzen ein Katzenklo, während Hunde viel stärker auf uns angewiesen sind und nur selten frei laufen dürfen.

Hunde sind prinzipiell Rudeltiere, die sich nur in Gesellschaft anderer Hunde – oder ersatzweise der Menschen – wohl fühlen. Viele Hunde wissen nicht, was sie allein anfangen sollen und beginnen schließlich vor lauter Langeweile und Trennungsangst zu bellen, zu jaulen oder knabbern die Möbel an. Daraus ergeben sich zwangsläufig Probleme für den Besitzer und seine Nachbarn. Katzen sind dagegen Einzelgänger, obwohl sie durchaus mit anderen Katzen zusammenleben können und deren Gegenwart genießen. Sie leiden nur selten unter Trennungsängsten, vielleicht mit Ausnahme mancher orientalischer Katzen, die sich sehr eng an ihren Besitzer binden.

Wenn der Besitzer am frühen Morgen die Wohnung verlässt, tagsüber nicht zu Hause ist und erst spät zurückkommt, ist die Katze das eindeutig besser angepasste Haustier.

Außerdem ist nicht zu übersehen, dass die Stimmung in weiten Teilen unserer Gesellschaft nicht uneingeschränkt positiv gegenüber Hunden ist. Vor allem die Besitzer großer oder gefährlich aussehender Hunde kennen nur zu gut die Reaktion anderer Menschen, wenn sie mit ihrem Hund im Park spazieren gehen. Da die Öffentlichkeit sehr sensibel auf Angriffe von Hunden reagiert (Kampfhunddiskussion) müssen selbst die Besitzer freundlicher Hunde äußerst vorsichtig sein. Vor allem, wenn der Hunderasse ein eher zweifelhafter Charakter nachgesagt wird, bleibt auch den Besitzern kleinerer Hunde nichts weiter übrig, als ihren Haustieren einen Maulkorb zu verpassen. Die Besitzer bestimmter Hunderassen sind ohnehin verpflichtet, ihren Tieren bei jedem Spaziergang einen Maulkorb anzulegen. Da der Besitzer rechtlich für seinen Hund haftet, kommen – neben Steuern und den üblichen Kosten für den Tierarzt – im Falle eines Angriffs erhebliche Kosten auf ihn zu, die er ggf. durch eine Versicherung absichern muss. Hinzu kommen gesundheitliche Aspekte, wenn Hunde sich in Parks und auf Gehwegen erleichtern, vor allem dort, wo auch Kinder spielen. Auch Katzen benutzen gelegentlich den nachbarlichen Garten als Toilette, aber sie gehen heimlich vor und decken ihre Hinterlassenschaft wieder mit Erde zu.

Im Unterschied zu Hunden ist die rechtliche Verantwortung für eine Katze nicht so eindeutig fassbar. Wir können nicht dafür verantwortlich gemacht werden, wenn sie durch einen Garten laufen oder einen Unfall verursachen. Nur wenn sie einen Menschen verletzt und der Besitzer wusste, dass seine Katze aggressiv reagiert, kann er haftbar gemacht werden – in der Praxis ist dies jedoch nur selten eindeutig zu beweisen. Katzen sind daher Haustiere mit geringem Risiko: Wir müssen uns nur minimal auf ihre Bedürfnisse einstellen und bekommen viel zurück.

Natürlich passen sich auch Hunde an viele Haushalte an, aber Katzen sind eben deutlich flexibler: Sie überleben sowohl in der Wildnis ganz ohne oder mit nur seltenen Kontakten zu Menschen als auch – im anderen Extrem – innerhalb einer Wohnung im zehnten Stock, die sie niemals verlassen dürfen. In einem modernen Leben mit all seinen Anforderungen, Regeln und Einschränkungen haben sich die Katzen als „Haustier für alle Fälle" erwiesen und ordnen sich unterschiedlichen Lebensstilen unter – von der Appartementwohnung bis zum Landhaus.

Was erwarten wir von unseren Katzen?

Bei Umfragen, warum Katzen gehalten werden, ergeben sich regelmäßig ähnliche Gründe: „Gesellschaft, Sauberkeit, Liebe ... die Freude am perfekten Körper und an der Persönlichkeit der Katze ... weil Katzen bequem und einfach zu halten sind". Hundebesitzer führen als Gründe meist die Gesellschaft ihrer Tiere und vielleicht noch ihre Eignung als Wachhund an. Ganz sicher jedoch verschweigen viele Menschen, dass sie große Hunde, wie die gefährlich aussehenden Rottweiler, oder wunderschöne, zierliche und teuer aussehende Afghanen, auch deswegen halten, weil sie damit ihren eigenen Status oder ihr Selbstvertrauen stärken möchten. Katzen sind viel persönlicher. Sicher gibt es auch Luxuskatzen, die als Statussymbole dienen könnten, weil sie wunderbares Fell oder einen langen Stammbaum besitzen, aber die meisten Katzen sind nun einmal Promenadenmischungen. Ob sie langes oder kurzes Fell haben, sie werden alle geliebt, und zwar aufgrund derselben Eigenschaften – trotz deutlich individueller Eigenheiten. Während der Besitzer eines gepflegten Pudels nicht versteht, was andere Menschen an einem Kampfhund finden (oder umgekehrt), verstehen sich Katzenliebhaber in Bezug auf ihre Leidenschaft sofort.

Da es zahllose Kombinationen von Katzen- und Menschenpersönlichkeiten gibt, ist jede Beziehung einzigartig. Dennoch erleben fast alle Menschen ihre Beziehung zu Katzen ähnlich, auch wenn es immer wieder Berichte von Katzen gibt, die sich wie Hunde verhalten: Katzen, die mit ihren Besitzern durch das Land reisen oder Menschen in brennenden Häusern warnten. Es gibt zwar viele Möglichkeiten, seine Katze zu sehen bzw. ihre Gegenwart zu genießen; letztlich wird die Intensität der Beziehung aber davon abhängen, wie sehr der Mensch auf seine Katze angewiesen ist.

Familienkatzen

Viele Katzen leben in einer Familie. Vielleicht waren sie zu Beginn der Beziehung mit einem Menschen allein, aber da unsere Hauskatzen heute zwölf, manche sogar 20 Jahre alt werden, können sie Heirat, Kinder, Hunde, Ponys, Kaninchen, Rennmäuse und Goldfische miterleben – und in vielen Haushalten auch weitere Katzen. So lange die Kinder noch klein sind, bleibt meist ein Elternteil zu Haus. Die Katze kann sich frei bewegen und nach Belieben Orte suchen, wo sie vor den Annährungsversuchen der Kinder sicher ist und wohin sie flüchten kann, bis der Hundewelpe begriffen hat, wer der Boss im Haus ist. Die Katze kommt und geht fast nach

Belieben. Tatsächlich hat kaum jemand genügend Zeit und Aufmerksamkeit, um auf jedes Miau zu achten. Daher lernt die Katze, dass es am Besten ist, sich aus allem herauszuhalten.

Auch die Kinder lernen schließlich mit den Haustieren umzugehen, nach ihnen zu sehen und die täglich notwendigen Aufgaben wie das Füttern und die Fellpflege zu erledigen. In dieser Zeit kann es der Katze gelingen, zum besten Freund der Kinder zu werden. Sie ist immer da, wenn sich das Kind missverstanden oder vernachlässigt fühlt. Selbst Kinder, die ausreißen möchten, denken oft an die Katze. Allerdings erweist sich der Versuch, sie in einen Rucksack zu stecken, gewöhnlich als äußerst schwierig – vielleicht einer der Gründe, warum Ausreißversuche abgebrochen werden. Kinder, die bei Problemen ihre Katze kraulen oder mit ihr zusammen entspannen, finden häufig allein eine Lösung für ihr Problem. Die Kinder unserer Zeit haben kaum Gelegenheit, sich auf der Straße mit anderen Kindern und Tieren zu arrangieren, denn die Eltern achten verständlicherweise sehr auf ihre Sicherheit. Ich selbst bin zusammen mit anderen Kindern auf der Straße eines kleinen Orts in Irland aufgewachsen. Jeden Tag besuchten uns die Hunde auf ihrem Weg durch die Straßen. Sie versuchten, mit uns zu spielen, oder bettelten um einen Keks. Zwischen den Häusern liefen die Katzen umher. Es war zwar aufregend aber nicht außergewöhnlich, wenn eine Katze im Kohlenkeller ihre Jungen zur Welt brachte. Natürlich gab es damals viele streunende Katzen und Hunde und viele Jungtiere starben an Krankheiten oder bei Unfällen, doch diese Katastrophen machten uns Kinder früh mit dem Tod vertraut – so schmerzlich es auch oft war. Damals stand den Haustieren ein viel größerer Freiraum zur Verfügung. Während die Tiere auf dem Land noch immer relativ viel Freiheit genießen, hat sich ihre Situation in den modernen Städten völlig gewandelt.

Forscher der Universität von Cambridge haben die sozialen Interaktionen von Kindern mit und ohne Haustiere vergleichen. Kinder mit Tieren hatten ein besseres Verhältnis zu ihren Eltern und lebten glücklicher als Kinder ohne eigenes Tier. Nach dieser

Untersuchung sind die Beziehungen der Familienmitglieder um so besser, je mehr Haustiere sie haben. Vielleicht helfen die Haustiere dabei, die Kinder zu beschäftigen, vielleicht reduzieren sie auch die Einmischung der Eltern, die ihre Zuwendung und Aufmerksamkeit auf eine größere Zahl von Familienmitgliedern verteilen müssen – Menschen und Tiere. Außerdem stehen Haustiere stets als Partner zur Verfügung und puffern Rivalitäten zwischen den Kindern ab.

Stadtkatzen

In einem Dorf stellt sich das „Zuhause-Gefühl“ manchmal schon ein, wenn man um die Ecke in seine Straße einbiegt, da hier die Menschen wohnen, denen man sich verbunden fühlt. In einer modernen Großstadt kann es dagegen vorkommen, dass man nicht einmal seine direkten Nachbarn kennt, daher verbinden wir das Zuhause dort eher mit einem Appartement oder sogar nur mit Teilen unserer Wohnung. Viele kinderlose Paare arbeiten den ganzen Tag, sodass der erste, der nach Hause kommt, eine leere Wohnung öffnet und einige Zeit braucht, bis er sich zu Hause fühlt und entspannt. Dabei sind wir nach frustrierenden Zug- oder U-Bahnfahrten oder nach Verkehrsstaus während der Rushhour unbedingt darauf angewiesen, die Anspannung und den Stress des Tages abzubauen.

Jetzt kommt die Katze ins Spiel, denn gerade sie kann uns dabei helfen. Unter ihrem Fell verbirgt sich ein perfekter Therapeut. Selbst wenn sie nur zusammengerollt zwischen den Kissen auf dem Sofa liegt, strahlen ihre Augen vor Zufriedenheit und totaler Entspannung. Mit ihrem Wilkommen-Miau bricht sie das Eis und man fühlt sich sofort zu Hause und in der Familie. Für Singles, deren Zahl ständig zunimmt, wird die Katze noch mehr zum Familienmitglied, dessen Gegenwart, Intelligenz und Lebensart hoch geschätzt werden. Außerdem stellen Katzen ein Bindeglied zur Natur dar; sie erinnern uns an die Grundwerte des Lebens und an einfache Freuden. Die Katze erfüllt unsere Wünsche nach Zuneigung, Zärtlichkeit und Austausch ohne zu fragen. Im Gegenzug schenkt sie uns Liebe. Gerade bei allein lebenden Menschen wird der Wunsch nach einer Katze immer stärker. Katzen, die in solchen Haushalten leben, müssen sich häufig stark anpassen, denn ihre Besitzer verlangen viel Aufmerksamkeit und wechselseitige Interaktion, während sie morgens und abends zu Hause sind – den gesamten Rest des Tages ist die Katze allein.

Auf dem Land stehen einer Katze durchschnittlich aucht bis zehn Hektar Land zur Verfügung. In London und anderen Städten kann die Katzendichte auf eine Katze pro 80 Quadratmeter ansteigen – das ist eine 1000 Mal höhere Dichte. Wenn eine Stadtkatze ins Freie geht, muss sich der „einsame Jäger" mit zahlreichen anderen Katzen auseinandersetzen. Sobald eine neue Katze auftaucht, verbringt sie die erste, harte Zeit damit, sich eine Nische zu suchen; es gibt einfach zu wenig Raum und zu viele Konkurrenten, mit denen sie sich arrangieren muss. Natürlich gibt es in einer Stadt viel mehr Menschen und Verkehr, daher kann es kaum verwundern, dass viele Stadtbewohner ihre Katzen nicht mehr ins Freie lassen.

Wohnungskatzen

Katzen, die ständig in der Wohnung bleiben, fehlt eines der wichtigsten Vorrechte eines katzenartigen Raubtieres: Sie dürfen nicht kommen und gehen, wie es ihnen gefällt. Daher stehen sie viel stärker unter dem Druck, die Erwartungen eines Menschen zu erfüllen, als ihre freien Vettern, die je nach Belastung einfach verschwinden. Andererseits leben sie so eng mit den Menschen zusammen, dass man ihr gesamtes Verhaltensrepertoire, ihre Vorlieben und Eigenheiten sehr genau studieren kann. Die Katze muss lernen, ihr Leben dem des Katzenbesitzers anzupassen – Tag für Tag und Woche für Woche. Nur wenn der Mensch zu Hause ist, geschieht etwas. Im Gegenzug erwächst daraus eine große Verantwortung für den Mensch, denn er muss sich darüber im Klaren sein, welche Verantwortung er für seine Katze trägt. Der Schweizer Dr. Dennis Turner hat das Verhältnis zwischen Katzen und Menschen sehr gründlich erforscht. Er fand heraus, dass die Besitzer von Wohnungskatzen weniger bereit waren, ihre Katze als unabhängiges Lebewesen zu empfinden. Es schien ihnen unvorstellbar, dass eine Katze selbst darüber befindet, welches Leben sie führen und wie eng sie sich an eine menschliche Familie binden möchte. Andererseits waren aber genau diese Katzenbesitzer deutlich toleranter gegenüber Schäden, die ihre Katze an den Möbeln anrichtete.

Tiertherapeuten, die sich mit verhaltensgestörten Katzen befassen, zählen deutlich mehr Wohnungs- als frei laufende Katzen zu ihren Patienten. Offenbar müssen reine Stubentiger ihr gesamtes Verhaltensrepertoire innerhalb einer engen Wohnung ausleben, während frei laufende Katzen einen großen Teil des Tages draußen verbringen. Dort können sie spielen, jagen und ihr Revier kontrollieren. Diese Tätigkeiten verlangen ihnen so viel Kraft und Konzentration ab, dass sie sowohl physische wie psychische Energien abbauen und ihr instinktives Verhalten behalten. Daher kommt es bei Katzen, die ausschließlich im Zimmer gehalten werden, sehr auf die Auswahl der richtigen Rasse an. Energiegeladene Katzen, die sich eng an ihren Besitzer anschließen, wie Siamkatzen und Burmesen, sind sicher nicht die beste Wahl für ein Einzimmer-Appartement. Ruhigere, entspanntere Rassen oder eine gute alte Promenadenmischung fügen sich normalerweise besser ein, weil sie es offenbar mit der Devise halten: Was man nicht kennt, kann man auch nicht vermissen.

Aus denselben Gründen brauchen Zimmerkatzen viel mehr Zuwendung und regelmäßig neues Spielzeug, das sie untersuchen können, sonst langweilen sie sich zu sehr und beginnen ihren ausgeprägten Jagd- und Erkundungstrieb in der Wohnung auszuleben. Wenn man sich von vorneherein zwei statt nur eine Katze zulegt, profitieren beide von einem Spielkameraden, der dem Besitzer die Last der Unterhaltung ein wenig abnimmt. Natürlich ist ein Pärchen nicht die Lösung für alle Probleme, aber es stellt zumindest einen Schritt in die richtige Richtung dar.

Versetzen Sie sich in die Lage Ihrer Katze. Stellen Sie sich vor, dass Ihre Welt nur aus zwei Räumen besteht. Ihnen würde sofort auffallen, wenn ein Bild etwas anders hängt oder ein Stuhl verrückt wurde – Katzen kennen jeden Winkel ihres Reviers, sowohl optisch, wie durch Tasten und Geruch. Eine sensible Katze kann sich über einen neuen Teppich oder einen bestimmten Geruch am Schuh ihres Besitzers aufregen. Wenn Sie darauf achten, regelmäßig die Welt ihrer Katze zu verändern – neues Spielzeug, Besucher, Spiele – dann bleiben die Sinne ihrer Katze aktiv und sie reagiert nicht übersensibel mit Panik auf kleinste Veränderungen.

Da die Probleme oder Veränderungen im Verhalten einer Katze unmittelbar auffallen, geben sich viele Katzenhalter die Schuld daran. Sie vermuten, dass die Katze damit auf etwas reagiert, was sie gemacht bzw. vergessen haben. In der Tat kann es ernste Probleme geben, etwa wenn sich die Katze weigert, ihr Katzenklo in einem Einzimmerappartement zu benutzen. Außerdem schließen sich manche Katzen so eng an einen Menschen an, dass sie unter Trennungsängsten leiden.

Katzen leben nur für den Augenblick, sie erwarten nichts vom Wochenende, an dem ihr Besitzer nicht zur Arbeit geht, sondern zu Hause ist. Allerdings passen sie ihren Tageablauf flexibel an die veränderte Situation an. Katzenbesitzer, die ihren Lieblingen „etwas Gutes“ tun wollen und sie am Wochenende mit aufs Land nehmen, wo sie frei streifen dürfen, könnten damit übrigens genau das Gegenteil erreichen (für zwei Tage Spaß bezahlt die Katze mit fünf Tagen Frust!). Grundsätzlich haben Katzen, die lange Zeit ausschließlich im Zimmer gelebt haben, kaum Schwierigkeiten mit der großen Welt draußen. Selbst wenn sie erst im Alter von sieben oder acht Jahren erstmals ins Freie dürfen, finden sie sich meist zurecht.

Der Ärger beginnt erst dann, wenn es wieder nach Hause geht. Nun soll sie wieder wie zuvor friedlich und lieb für fünf Tage in einer engen Wohnung leben, obwohl sie die Freuden und Abenteuer der Wildnis genossen hat. Einmal darf sie wildes, instinktiv reagierendes Raubtier sein, dann wiederum nicht. Damit kommen einige Katzen zurecht, andere dagegen gar nicht. Mir ist der Fall einer solchen Wochenend-Wildnis-Katze bekannt, die panisch ihr Fell zu pflegen begann; sie leckte die Pfoten, riss sich das Haar aus und begann sogar, ihre Haut abzukratzen. Dieses Verhalten ist als Selbstverstümmelung bekannt und wird durch Stress ausgelöst. Als der Katzenbesitzer sie mitnahm, hatte er nur vor, seiner Katze eine Freude zu machen. Er konnte nicht ahnen, welche Frustrationen und Unsicherheiten er damit auslöste.

Gewöhnlich wird eine Zimmerkatze, die genügend Spielzeug, neue Spiele und Zuwendung durch einen Partner hat (hier kommt wieder die zweite Katze ins Spiel), sehr gut dauerhaft in der Wohnung zurecht kommen – eine enorme Leistung für ein Tier mit eigentlich wilden Verhaltensmustern.

Frauen und Katzen

Frauen gehören zu den hingebungsvollsten Katzenliebhabern. Auch Männer halten Katzen, aber ihnen fehlt gewöhnlich der übertriebene (so sagt man) Enthusiasmus für diese Tiere. Man hat versucht, dies aus den menschlichen Verhaltensmustern zu erklären: Männer haben eine stärkere Gruppenmentalität, sie gehen, wie die Hunde, gemeinsam auf die Jagd und identifizieren sich weniger mit Einzeljägern wie der Katze. Allerdings ist dieses simple Strickmuster für manche männlichen Katzenbesitzer natürlich nicht akzeptabel. Frauen neigen eher dazu, sich um ihre Katzen zu kümmern, sie zu pflegen und zu füttern und erhalten daher vielleicht mehr Gegenliebe von ihren Katzen. In der Familie ist es ohnehin fast immer die Frau, die sich um die Pflege und Fütterung der Katze kümmert und daher alle Aspekte des Katzenlebens besser kennt.

Der Versuch, eine Katze als Kindersatz zu interpretieren, ist nicht neu. Hintergrund ist die höhere Zahl der weiblichen Katzenbesitzer und ihre Reaktion auf diese Tiere. Ich habe bereits erwähnt, dass die relative Größe der Katzenaugen an Menschenbabys erinnert. Natürlich trägt dieses „Kindchenschema“ dazu bei, Katzen liebenswert erscheinen zu lassen. Allerdings sind es eher jüngere und ältere Menschen, die Katzen mit Babys vergleichen, weniger die Generation der arbeitenden 20- bis 55-jährigen Frauen. Sicher gibt es Fälle, in denen Katzen als Kindersatz herhalten müssen, allerdings vorwiegend bei älteren, wohlhabenden Frauen, die sich einsam fühlen und daher ihre Liebe und Zuneigung einem Tier schenken – aber was ist daran schlecht? Wer anderen Liebe schenkt, steigert sein Selbstwertgefühl, und das ist für viele Menschen der Grund für ihre Katzenliebe. Katzen geben ihnen das Gefühl, sich um einen anderen kümmern zu dürfen und gebraucht zu werden.

Die Katze als Therapeut

Viele Menschen sind auf das Gefühl angewiesen, gebraucht zu werden. Vor allem Senioren, die vielleicht aus körperlichen Gründen oder aus Angst nicht mehr regelmäßig aus gehen, bleibt dann oft die Katze als einziger Gefährte. Die Katze ist Partner, wird geliebt und gibt dem Leben wieder einen Sinn. Dieses Gefühl von Liebe und Wertschätzung stellt sich bereits ein, wenn die Katze gerufen wird, sich auf dem Schoß ihres Besitzers niederlegt und zu schnurren beginnt, vielleicht sogar als „Gesprächspartner" dient. Es ist bekannt, dass beim Streicheln der Stress abgebaut wird, der Blutdruck sinkt und das Wohlgefühl steigt. In einigen Altenheimen hat man bereits reagiert und hält Katzen. Die Bewohner entspannen sich leichter und brauchen weniger Schlaftabletten, wenn sie sich regelmäßig um eine Katze kümmern und sie streicheln dürfen.

Wie ältere profitieren auch behinderte Menschen von einem regelmäßigen Kontakt zu Katzen oder Hunden. Sie stärken ihr Selbstbewusstsein und öffnen sie für weitere Interaktionen. Altenheime, die Hauskatzen halten, haben jedenfalls gute Erfahrungen gemacht. Die Katzen fühlen sich in den warmen Räumen sehr wohl und genießen es, zu jeder Zeit einen Schoß zu finden, in dem sie sich ausruhen können. Es gibt Berichte von Menschen, die sich jahrelang völlig zurückgezogen hatten und erst durch den Kontakt mit einer Katze wieder zu sprechen begannen – sie war ihr erster

Gesprächspartner. Manche dieser Katzen scheinen zu spüren, wie sehr sie gebraucht werden – vielleicht doch ein sechster Sinn?

Die Katze auf dem Bauernhof

Es gibt sie immer noch, die traditionelle Katze auf dem Bauernhof, die seit Generationen frei herumstreifen darf und sich mit Mäusen und Ratten in Ställen und Speichern versorgt, die noch nicht Fallen oder Gift zum Opfer gefallen sind. Allerdings dürfte es wohl kaum noch einen Bauernhof geben, wo die Mägde vor dem Melken der Kühe etwas Milch für die Katze in ein Schälchen auf den Boden spritzen. Moderne Melkställe sind nicht besonders attraktiv für Katzen, denn dort ist es laut und für die Katze gibt es nichts zu holen. Desinfektion der Kühe und das ständige Kommen und Gehen machen den Aufenthalt für eine kleine Katze sogar recht gefährlich. Zwar halten sich die modernen Hofkatzen noch immer im Umkreis der Ställe auf, aber in vielen Regionen werden sie bereits selbst als Schädlinge angesehen – bis auf die wenigen Auserwählten, die im Haus als Schoßtiere leben dürfen.

Verwilderte Katzen

Verwilderte Katzen sind nicht wirklich Wildkatzen, sondern ehemalige Hauskatzen, die sich aus verschiedenen Gründen allein, ohne menschliche Hilfe, in der Freiheit durchschlagen müssen. Solche Katzen wurden vertrieben, gingen verloren oder stammen von bereits frei lebenden Eltern ab. Verwilderte Katzen schließen sich gerne zu größeren Verbänden zusammen, insbesondere in der Umgebung ergiebiger Nahrungsquellen, wo sie Schutz finden können. Üblicherweise findet man sie in Häfen, in der Nähe von Hotels, Krankenhäusern oder auf Industriestandorten. Dort gehen sie auf die Jagd, suchen nach Abfällen oder toten Tieren, manchmal werden sie auch von Menschen gefüttert. Dabei handelt sich es meist um Katzenliebhaber, die ihre Katzenkolonien ein- oder zweimal täglich mit einem Sack voll Futter aufsuchen und es verteilen. In der Regel werden sie enthusiastisch begrüßt und es kommt zu einer engen Bindung zwischen Mensch und Katzen – sie lassen sich sogar streicheln. In anderen Fällen bleiben die Katzen misstrauisch und nähern sich dem ausgestreuten Futter erst, wenn wieder ein Sicherheitsabstand besteht oder der Mensch ganz verschwunden ist.

Für die Katzen ist diese Beziehung einfach: Sie brauchen den Mensch, weil sie auf seine regelmäßigen Futtergaben angewiesen sind. Menschen haben meist eine komplexere Motivation. Häufig handelt es sich dabei um ältere Damen, die einen Teil ihrer Rente dafür ausgeben „ihre" Katzen zu versorgen. Sie wissen, wie sehr sie gebraucht werden, und freuen sich darüber, eine verantwortungsvolle Aufgabe übernommen zu haben. Vielfach empfinden sie auch ihre besondere Beziehung zu den Katzen als Privileg. Sie werden freundlich begrüßt und dürfen die Katzen in Ruhe betrachten und genießen, während die Tiere vor fremden Menschen sofort das Weite suchen.

Wie sieht uns die Katze?

Wie wir gesehen haben, gibt es viele Gründe, eine Katze zu halten. Wie jedoch sehen Katzen uns? Erfüllen wir in ihren Augen auch eine wichtige Funktion?

Wenn wir einer Katze begegnen, ist sie gewöhnlich auf „Zimmer" eingestellt. Sie fühlt sich sicher in ihrer Höhle, ist entspannt, muss nicht nach Beute jagen, wenn ihr nicht danach ist. Vielmehr darf sie sich auf wohlige Wärme, Komfort, Gesellschaft und ausreichend Futter verlassen – ganz wie das Kätzchen bei seiner Mutter. Wir sorgen dafür, dass sie in die geselligste Zeit ihres Lebens zurückfällt – als Jungkatze mit ihren Geschwistern. Sie verlangt nach Aufmerksamkeit, ruft nach Futter und wird fast immer auch erhört. Sie antwortet mit Schnurren, wird sogar noch gekrault, d.h. sie erlebt – wie der Katzenhalter – einen Zustand positiver Rückkopplung. Wenn wir eine Katze in unserem Schoß schlafen lassen, fühlt sie sich wieder wie bei ihrer Mutter, die sich um die säugenden Jungen rollte. Wir erkennen diesen Zustand daran, dass viele Katzen zu treteln beginnen, vielleicht sogar an Haut oder Kleidung saugen. Wenn wir ihnen eine Kordel oder anderes Spielzeug anbieten, nehmen wir ebenfalls die Stellung der Mutter ein, die ihren Jungen Beute mitbrachte, um ihr Jagdgeschick damit zu trainieren.

Natürlich wäre es zu einfach, die Beziehung zwischen Mensch und Katze auf eine Mutter-Kind-Beziehung zu reduzieren. Vielleicht wäre es präziser zu sagen, dass die Beziehung, die wir so lieben, den Katzen das Gefühl von Sicherheit verleiht. Sie können sich bei uns so entspannen, wie damals bei ihrer Mutter und sonst nur bei anderen Katzen, denen sie absolut vertrauen. In der Beziehung Katze-Mensch gibt es keinen Konkurrenzkampf – die Katze sieht uns nicht als Katze, sondern als Beschützer und Versorger. Katzen, die an die Gesellschaft anderer Katzen gewöhnt sind, behalten bis ins hohe Alter den Spieltrieb der Jugend bei. Das eigentliche Spiel besteht jedoch aus Elementen von Jagd und Kampf und selbst bei der Fellpflege (wenn Sie genau aufpassen) behalten Katzen die Kontrolle und achten streng darauf, wer wem das Fell säubern darf. Gewöhnlich übernimmt die stärkere Katze die Fellpflege – die andere Katze zeigt ihre Nachgiebigkeit, indem sie diesem intimen Kontakt zustimmt. Mit uns gibt es keine Rangordnung – die Katzen entspannen sich und lassen in ihrer Wachsamkeit nach. Natürlich fließen in die Beziehung von Katzen zum Menschen auch sexuelle Motiven ein. Wenn sie das Hinterteil heben (eine unserer Siamkatzen haben wir deshalb *Flirty Bottom* getauft) zeigt dies ihre sexuelle Bereitschaft. Alle Katzen genießen die Fellpflege und das übliche Ritual zwischen befreundeten Katzen bei Menschen und ihren Katzen wird von den Katzen als sehr angenehm empfunden. Aus meiner Sicht sind es jedoch die eindeutig kindlichen Verhaltensweisen, die uns die Zuneigung der Katze beweisen – nur bei ihrer Mutter hätten sie ähnlich intensiv geschnurrt und getretelt.

▸ TIPPS: Entspannen mit der Katze

Nun wissen Sie also, wie Ihre Katze „tickt“. Wie können Sie ihr dabei helfen, sich zu entspannen und die Beziehung zu einer beiderseits erfreulichen Angelegenheit zu machen?

▸ Reagieren Sie auf die Bitte ihrer Katze nach Körperkontakt und freuen Sie sich, wenn die Katze glücklich ist.

▸ Geben Sie Ihrer Katze regelmäßige Zeichen von Zuneigung, damit sie beide den Kontakt aktiv genießen.

▸ Entspannen Sie sich nach einem harten Arbeitstag oder nach großer Anstrengung im Beisein Ihrer Katze. Streicheln senkt die Herzfrequenz und den Blutdruck.

▸ Reden Sie mit ihr über Sorgen und Geheimnisse – eine Katze wird nichts ausplaudern und immer sensibel auf Ihre Stimmung reagieren.

▸ Genießen Sie es, die Katze zu kraulen und sich dabei ruhig und entspannt zu fühlen.

▸ Seien Sie nachsichtig, wenn sie sich merkwürdig verhält, und freuen Sie sich über jede positive Reaktion.

▸ Akzeptieren und bewundern Sie die wilde Seite Ihrer Katze. So behalten Sie den Kontakt zur Natur; selbst in besiedelten Gebieten macht es viel Freude, seine Katze im Freien zu beobachten und einen Einblick in ihre aufregende Welt zu erhaschen.

▸ Denken Sie daran, dass eine Katze, die ständig im Zimmer lebt, viele Anregungen und Spiele braucht. Nur so kann sie ihr gesamtes Verhaltensrepertoire auch innerhalb der Wohnung ausleben. Genießen Sie das Privileg, diese Facetten ihrer Persönlichkeit miterleben zu dürfen.

▸ Laden Sie ab und zu einen älteren Mitbürger ein. Wenn Ihre Katze Ihnen Freude macht, dann vielleicht auch Ihren Gästen.

Die Persönlichkeit der Katze

Jeder Katzenbesitzer wird behaupten, dass gerade seine Katze einen ganz besonderen Charakter hat, der sich von dem aller anderen Katzen unterscheidet – mit eigenen Vorlieben und Abneigungen, Eigenschaften und Gewohnheiten. Stellen Sie sich vor, alle Katzen sähen gleich aus; würden Sie Ihre ausschließlich am Verhalten erkennen? Individuelles Verhalten ist der Ausdruck einer bestimmten Persönlichkeit. Da wir sehr eng mit unseren Haustieren zusammenleben, können wir sie in der Tat an komplexen Verhaltensweisen erkennen. Als wir die Katzen domestizierten und für sie zu sorgen begannen, haben wir ihnen den Druck genommen, erfolgreiche Jäger zu sein. Dafür konnten sie andere Facetten ihres Verhaltens verstärken. Spricht man mit Katzenbesitzern über ihre Tiere, ergeben sich zwar zahlreiche Unterschiede, aber worin unterscheiden sich die spezifischen Persönlichkeiten von Katzen eigentlich? Wir sind uns zwar noch nicht einmal innerhalb unser eigenen Spezies völlig sicher, aber auch bei Katzen geht es letztlich um die Frage, was stärker ist, die Vererbung oder die prägenden Eindrücke der Umwelt. Wir wissen nicht genau, wie stark die Umgebung eine jugendliche Katze beeinflusst, welche charakteristischen Eigenschaften von den Eltern und Vorfahren vererbt werden und wie dies alles durch die persönlichen Erfahrungen einer Katze verändert wird. Ist eine Katze ängstlich, weil schon ihre Eltern ängstlich waren, oder wurde sie durch eine „unglückliche Katzenkindheit“ geprägt? Es gibt viele Faktoren, die den Charakter einer Katze beeinflussen können – wie mutig sie ist, ob sie ein guter Jäger ist und schließlich, wie sehr sie sich an Menschen und andere Katzen anpassen kann.

Eine Frage der Gene?

Bestimmt die Aufgeschlossenheit der Eltern darüber, wie aufgeschlossen ein Katzenkind sein wird? Es gibt nicht viele Untersuchungen zu diesem Thema, doch es scheint sicher zu sein, dass aufgeschlossene Katzenväter aufgeschlossene Kinder zeugen. Dies zeigte sich auch dann, wenn die Kätzchen ihren Vater niemals kennen gelernt hatten. Sie hatten ihre Bereitschaft, offen zu sein, offenbar geerbt und nicht durch Anschauung erworben. Natürlich spielen auch die Mütter eine wichtige Rolle, denn Kätzchen lernen viel durch Beobachtung und Nachahmung. In einem der Experimente durften die Jungkatzen beobachten, wie ihre Mutter einen Hebel drückte und mit Futter belohnt wurde. Ihnen fiel es sehr leicht, diesen Trick zu erlernen. Kätzchen, die ihre Mutter nicht beobachten durften, kamen nicht von selbst auf den Trick. Wenn also eine entspannte Katzenmutter voller Zutrauen mit den Menschen interagiert, werden die Kätzchen dieses Verhalten vermutlich übernehmen. Natürlich spielen viele Faktoren zusammen – eine aufgeschlossene Mutter wird diese Charaktereigenschaft sicher auch über die Gene an ihre Kinder weitergeben. Außerdem wird sie eher dulden, dass ihre Kinder mit den Menschen interagieren und so die Wege für eine erfolgreiche Integration der Kleinen ebnen.

Die Gesundheit der Eltern, insbesondere der Mutter, beeinflusst nicht nur das physische Wohlbefinden der Jungen, sondern auch die psychologische Entwicklung. Eine unterernährte Mutter hat es deutlich schwerer, ihre Jungen ausreichend zu säugen, ist weniger aktiv und kann ihren mütterlichen Pflichten nicht umfassend nachkommen, z.B. bei der Vermittlung sozialer Kompetenz. Kätzchen von unterernährten Müttern lernen weniger und langsamer. Außerdem neigen sie zu unsozialem Verhalten gegenüber anderen Katzen, abnormer Furcht und Aggression und entwickeln geringere physische Fähigkeiten. Sie können beispielsweise nicht so gut balancieren. Da sie ständig mit ihren Geschwistern um die geringen Milchmengen der Mutter konkurrierten, haben sie weder gelernt zu spielen noch zu entspannen. Soziale und körperliche Fähigkeiten, auf die eine Katze im späteren Leben angewiesen ist, müssen in frühester Kindheit vermittelt werden.

Katzenpersönlichkeiten

Eine amerikanische Forscherin hat in einer Gruppe von ihr untersuchter Jungkatzen zwei Typen von Persönlichkeiten ausgemacht: Sie unterscheidet Katzen, die sofort und heftig auf veränderte Situationen reagieren (aufgeregte oder nervöse Katzen) und solche, die entspannter und ruhiger auf das Leben und seine Herausforderungen reagieren. Vielleicht sollten Katzenzüchter sich diese Ergebnisse zu eigen machen und bei den eigenen Kätzchen nach diesen beiden Persönlichkeits-Typen suchen.

Auch jüngste Untersuchungen an erwachsenen Katzen scheinen auf zwei unterschiedliche und typische Charaktere hinzudeuten. Der erste, aufgeschlossene Typ, den die meisten von uns gerne als Haustier hätten, braucht regelmäßig soziale Kontakte mit Menschen und anderen Katzen und entspannt sich in deren Gegenwart. Der zweite, zurückhaltende Typ scheint sich, wenn überhaupt, nur an eines oder zwei Mitglieder einer Familie anzuschließen und stellt die sozialen Kontakte mit anderen ein. Häufig bestehen nicht einmal Beziehungen zu anderen Katzen.

Die meisten Menschen halten den ersten Typ für eine „freundliche“ Katze, während andere enttäuscht sind, weil sie mit dem zweiten Typ nicht zurecht kommen. Dessen Verhalten verstärkt sich in einem Rückkopplungseffekt, weil die Tiere umso zurückhaltender werden, je mehr sich ihr Halter um sie bemüht. Katzen des zweiten Typs stellen nur selten von sich aus einen Kontakt her und sondern sich umso stärker ab, je mehr der Besitzer versucht, die Beziehung zu intensivieren. Wer eine Katze dieses Typs besitzt, dürfte keine Mühe haben, dieses Verhaltensmuster wiederzuerkennen. Vielleicht ist es aber tröstlich zu wissen, dass diese Reserviertheit weder auf menschlichem Versagen noch auf falscher Behandlung beruht. Außerdem erklärt dieses Verhalten ganz gut, warum manche Menschen nach dem Tod ihrer Katze kein neues Tier mehr wollen. Sie glauben nicht mehr an die offene und enge Beziehung zwischen Mensch und Katze; für sie sind alle Katzen reservierte, einzelgängerische und wenig dankbare Geschöpfe.

Es ist noch unbekannt, ob sich diese Charaktertypen erwachsener Katzen jeweils aus den beiden Typen junger Katzen entwickeln (amerikanische Studie). Was machte erwachsene Tiere zu aufgeschlossenen oder zurückhaltenden Katzen? War es eine frühe Erfahrung oder fehlende Zuneigung in den kritischen ersten Wochen, oder entwickelten sie sich aus den überreagierenden Jungkatzen? Offenbar ist noch viel Forschung erforderlich, vor allem braucht es jedoch Langzeitstudien, um die Entwicklung bestimmter Katzen zu verfolgen. Allerdings ist es „vom grünen Tisch“ aus leicht, mehr Forschung an Hauskatzen zu fordern. Immerhin geht es nicht um „normales“ Verhalten, sondern um „normal innerhalb einer Familie“. Werden Katzenbesitzer gebeten, einen Fragebogen auszufüllen, sind die Antworten in der Regel zu subjektiv. Bleibt jedoch ein Beobachter im Haus, um die Katze zu studieren, ist die Normalität gebrochen – vor allem, wenn es sich um eine nervöse Katze handelt. Wir haben noch einen weiten Weg zu gehen, ehe die Rätsel der Katzenpersönlichkeit gelöst sind; wir müssen uns mit kleinen Fortschritten zufrieden geben und selbst versuchen, unsere Beziehung zu den Katzen zu verbessern.

Sollten Sie der Besitzer einer zurückhaltenden Katze sein, eigentlich aber eine aufgeschlossene wünschen, gibt es keinen Ausweg. Sie müssen Ihren Liebling aus der Ferne lieben und sich geehrt fühlen, wenn er sich entscheidet, für eine Schmusestunde näher zu kommen. Wenn Sie mit aller Gewalt versuchen, Ihrer Katze die Liebe aufzuzwingen, ist das nicht nur frustrierend, vermutlich schrecken Sie die Katze damit sogar noch mehr ab. Versuchen Sie statt dessen, attraktiver für die Katze zu werden. Bestärken Sie das Tier, wenn es sich nähert ohne es zu bedrängen; teilen Sie die Mahlzeiten in zahlreiche kleine Portionen auf, damit es sich Ihnen gerne nähert; nutzen Sie die Wärmeliebe der Katzen und warten Sie an warmen Plätzen – ideal ist ein Kamin, wenn alle anderen Heizquellen ausgeschaltet sind. Wenn die Katze von sich aus den Kontakt sucht, nehmen Sie sich Zeit ohne sie zu überfordern. Vielleicht legen Sie sich auch eine zweite Katze zu. Mit etwas Glück bleibt die erste im Haus und die zweite gehört dem aufgeschlossenen Typ an. Suchen Sie ihren neuen Hausbewohner diesmal sehr sorgfältig aus, damit sie auf jeden Fall eine „Typ-eins-Katze“ erwischen.

Frühe Erfahrungen

Die sozialen Erfahrungen einer Katze prägen sich maßgeblich während der ersten beiden Lebensmonate ein. In dieser Phase sind kleine Kätzchen sehr tolerant, besitzen noch keine ausgeprägten Angstreaktionen und schließen sich leichter Menschen und anderen Tieren an. Sobald sich die Erfahrungen mit anderen Lebewesen verfestigt haben, wollen Kätzchen keine Veränderungen mehr und verlieren ihre Neugier. Kätzchen, die nicht in dieser Lebensphase geprägt wurden, bauen höchst selten liebevolle Beziehungen zu anderen Katzen und Menschen auf. In der Tat erwies sich die Aufgeschlossenheit erwachsener Katzen als eine Folge der kindlichen Erziehung.

Kätzchen, die sich früh an den Umgang mit Menschen gewöhnen, verlieren leichter ihre Nervosität und kommen besser mit ihrem späteren Leben zurecht. Verhaltenforscher haben herausgefunden, dass Katzen, die während der ersten 45 Lebenstage mit Menschen gespielt hatten, neugieriger auf neue Objekte reagierten und leichter auf Menschen zugingen als Kätzchen, die keinen Kontakt zu Menschen hatten. Interessanterweise schrecken einzeln erzogene Kätzchen offenbar weniger vor neuen Situationen zurück und sind freundlicher gegenüber Menschen als Kätzchen aus großen Würfen. Vielleicht versuchen sie den Mangel an Spielgefährten in der frühen Phase ihrer Entwicklung durch die Interaktion mit einer anderen Spezies auszugleichen. Man bezeichnet diese Phase, in der Kätzchen an andere Lebewesen – Tiere und Menschen – gewöhnt werden, als „sensible" oder „Prägungsphase". In dieser Zeit hinterlassen Menschen einen besonders nachhaltigen Eindruck. Die sensible Phase liegt im Bereich zwischen zwei und sieben Wochen; erhalten Kätzchen in dieser Zeit menschliche Zuwendung, entwickeln sie sich zu besonders offenen und freundlichen Katzen.

Bleiben diese Eigenschaften lebenslang erhalten und sind sie auch noch nach der Geschlechtsreife stabil? Werden aus ängstlichen Kätzchen ängstliche Katzen? Bleiben mutige Kätzchen mutig? Die Antwort auf alle diese Fragen scheint Ja zu sein. Wie eine nervöse Katze auf Stress reagiert, basiert sowohl auf genetischen als auch auf Umwelteinflüssen. Manche Katzen werden immer überreagieren und lernen niemals, gelassen auf die „gefährlichen", regelmäßig wiederkommenden Ereignisse eines Tages zu reagieren, obwohl ihnen die Erfahrung sagen sollte, dass nichts Böses zu erwarten ist. Offenbar kann man dieses Verhalten auch nicht durch sorgfältiges Training verbessern. Diese Ergebnisse passen gut zu den beiden Charakter-Typen von Jungkatzen: Die aufgeregte Gruppe entwickelt sich zu einer überängstlichen Katze, die auf jede Herausforderung mit Hektik reagiert, während die entspannte Gruppe kaum zur Panik neigt und alles sehr ruhig angeht.

Demnach gibt es einen genetisch bedingten Teil des Verhaltens, aber das ist nicht alles. Wie bereits erwähnt, wird eine Katze durch frühe Gewöhnung an den Menschen geprägt: Solange ein Kätzchen einen grundsätzlich offenen Charakter besitzt, wird sie durch den Umgang mit Menschen zu einem „guten Haustier", d.h. sie geht freundlich und entspannt mit Menschen um. Einige Beobachtungen weisen darauf hin, dass solche frühen Kontakte auch langfristig prägend bleiben. Diese Katzen werden nicht nur aufgeschlossener, sie entwickeln sich auch schneller und sind nicht so ängstlich.

Es erscheint verlockend, ein Kätzchen selbst aufzuziehen und dadurch ein engeres Band zu ihm zu knüpfen. Tatsächlich jedoch zeigen mit der Hand aufgezogene Kätzchen bzw. Kätzchen, die zu früh von der Mutter entfernt wurden, häufig Verhaltensprobleme. Sie können von Freundlichkeit in kürzester Zeit zu Aggressivität wechseln und greifen Menschen an, darunter auch ihre „Ziehmutter". Häufig reagieren sie auch ängstlich und aggressiv auf andere Katzen und entwickeln sich langsamer als normale Kätzchen, die bei der Mutter bleiben durften. Vermutlich basieren solche Fehlleistungen darauf, dass Menschen eben nicht die „Katzensprache" sprechen und damit auch nicht in der Lage sind, ein Kätzchen problemlos zu entwöhnen. In jener Phase lernen kleine Katzen von ihrer Mutter, wie die Kommunikation unter älteren Katzen funktioniert. Die Aggression gegenüber Menschen ist schwerer zu verstehen, könnte aber auf dem konfusen Entwöhnungsprozess beruhen: Natürlich sorgen wir dafür, dass eine Jungkatze von der Milchnahrung auf ihre spätere Kost umerzogen wird. Gleichzeitig sind wir aber außer Stande, die entsprechende Entwöhnung im Verhaltensbereich zu vollziehen – Katzenmütter können das. Sie bringen ihren Jungen bei, unabhängig zu sein und fördern den Ablöseprozess. Von Menschen aufgezogene Katzen haben nicht von anderen Katzen gelernt, wie man mit seinen Aggressionen umgeht oder wie man auf eigenen Beinen steht – ihre Aggression ist ein Zeichen für ein Gefühl der Verletzlichkeit.

Traumatische Erlebnisse und Hormone

Es gibt zwei weitere Faktoren, die das Verhalten einer Katze verändern können, sogar wenn sie sich bis dahin völlig „normal" verhalten hat. Das erste sind einschneidende traumatische Erlebnisse wie Unfälle, Krankheiten oder Verletzungen. Nach einem Zusammenstoß mit einem Hund, der die Katze verletzt hat, wird sie nicht nur alle Hunde, sondern auch andere Dinge fürchten, die sie früher nicht beachtet hätte. Offenbar verliert eine Katze nach einem solchen Kampf ihr Selbstvertrauen; sie glaubt, nicht mehr rechtzeitig fliehen zu können und reagiert ungewöhnlich heftig, wann immer sie in ungewohnte Situationen kommt. Möglicherweise kehrt ihre Zuversicht zurück, aber die meisten Katzen behalten die Furcht vor Hunden ihr Leben lang.

Auch die intensive Pflege einer kranken Katze kann deren Verhalten verändern. Selbst eine „wilde" Katze verwandelt sich nach einigen Wochen als Patient in ein freundliches und liebendes Tier. Vielleicht liegt dies daran, dass sie sich in ihrer Hilflosigkeit wieder wie ein Katzenbaby gefühlt hat und der Mensch in die Rolle der Mutter geschlüpft ist. Mit diesem Rücksprung in die Kindheit konnte die Katze ihr Verhältnis zu den Menschen neu definieren, vor allem zu einem bestimmten Menschen. Sind Katzen zu schwach, um ihrem Instinkt „kämpfe-oder-fliehe" zu folgen, stellen sie fest, dass ihre Furcht vor Menschen unbegründet war; sie genießen es sogar, gefüttert und betreut zu werden. Vielleicht gehören Katzen, die sich so verhalten, zu dem eigentlich aufgeschlossenen Typ, konnten diesen Charakterzug aber nicht entwickeln, weil in der Prägungsphase keine Menschen zugegen waren. Offenbar holen sie diese Prägung in ihrer augenblicklichen Situation verspätet nach.

Auch die Geschlechtshormone üben einen starken Einfluss auf das „normale" Verhalten einer Katze aus. Nun könnte man argumentieren, dass auch das Paarungsverhalten „normal" ist, doch einerseits sind viele unserer Hauskatzen sterilisiert, andererseits werden die Mensch-Katze-Beziehungen nicht stark vom eigentlichen Paarungsverhalten tangiert. Natürlich sind die Zuchtkatzen nicht sterilisiert, doch nur wenige Menschen halten einen zeugungsfähigen Kater als Haustier, der sich durch Aggression und durch aktives Markieren seines Reviers auszeichnet – alles bedingt durch die männlichen Hormone. Zudem tendieren nicht kastrierte Kater dazu, ein relativ großes Revier zu kontrollieren, andere Kater herauszufordern und gehen in den folgenden Kämpfen ein hohes Risiko ein, verletzt zu werden. Kratzer oder Bisse hinterlassen Abszesse und damit steigt die Rechnung für den Tierarzt merklich an. Besonders risikoreich sind die Vollnarkosen, denn nur wenige Katzen lassen sich ohne Betäubung behandeln oder gar ihre Wunden nähen.

Zeugungsfähige Kater markieren ihr Revier mit durchdringend riechendem Urin. Solche Kater können heftig auf Streichel- oder Kraulversuche reagieren, werden unvermittelt aggressiv oder zeigen typische Verhaltensweisen des Paarungsspieles. Sie versuchen die streichelnde Hand zu packen, als sei sie der Hals einer Katze – und das nicht besonders zärtlich! Daher sind fröhliche Spiele mit solchen Katern kein reines Vergnügen.

Aus diesen Gründen sind die meisten Kater kastriert, vor allem, wenn sie eng mit Menschen zusammenleben. Wird die Kastration früh ausgeführt, verschwindet sowohl die Neigung, ein Revier zu verteidigen, wie der Wunsch, das besetzte Revier zu markieren. Natürlich markieren auch sterilisierte Katzen ihr Revier, aber sie benutzen dazu gewöhnlich Stellen außerhalb der Wohnung und weniger stinkenden Urin. Die Kastration vermindert auch ihre Neigung, aggressiv auf Berührungen zu reagieren; die Kater werden freundlicher und offen für Interaktion mit den Menschen – der vermutlich am meisten erwünschte Nebeneffekt. Kastrierte Kater dulden eher andere Katzen neben sich, sie sind anhänglicher und spielfreudiger, verlangen allerdings auch mehr Aufmerksamkeit, da sie keine Zeit mehr damit verlieren müssen, ins Freie zu gehen und ihr Revier zu kontrollieren. Natürlich gibt es auch Katzenbesitzer, die problemlos mit nicht kastrierten Katern auskommen, aber die meisten Menschen lassen den Eingriff ausführen, um harmonischer mit ihnen zusammenleben zu können und um ihnen das Risiko einer ernsthaften Verletzung zu ersparen. Tierärzte führen die Kastration als routinemäßigen Eingriff durch. Sie dauert nur Minuten und wenn der Kater aus der Betäubung erwacht, spürt er keine Veränderung.

Sterilisierte weibliche Katzen verändern ihr Verhalten viel weniger als Kater, allerdings stellen sie das lästige und laute Rufen ein. Empfängnisbereite Katzen (normalerweise zweimal pro Jahr, dann aber im Abstand von drei Wochen jeweils für ein paar Tage, bis sie trächtig werden) teilen allen Katern in der Nachbarschaft durch einen speziellen Ruf mit, wie es um sie steht. Normalerweise setzen diese lauten Rufe während der Nacht ein, und Besitzer von lautstarken Katzen wie Siamkatzen brauchen sehr wirkungsvolle Ohrstöpsel, um während dieser Vorstellung in Ruhe schlafen zu können. Normalerweise wird ein Katzenbesitzer jedoch kein Interesse daran haben, sich mit einem Wurf kleiner Katzen zu befassen, daher sind auch die meisten weiblichen Katzen sterilisiert. Tierärzte entfernen Uterus und Eierstöcke in einem kleinen Eingriff unter Betäubung und nähen die kleine entstandene Wunde mit ein oder zwei Stichen wieder zu; nach einer Woche lösen sich die Fäden von selbst auf oder müssen gezogen werden.

Unser Verhältnis zu einer Hauskatze scheint unabhängig vom Geschlecht zu sein. Da die Tiere in sehr jungem Alter sterilisiert werden, entwickeln sie gar nicht erst die extremen Verhaltensweisen von Balz und Paarung. Auch dies ist ein interessanter Unterschied zu Hunden. Während sich bei sterilisierten Katzen das Verhalten beider Geschlechter einander annähert, bleiben bei Hunden die geschlechtsspezifischen Merkmale und Verhaltensweisen – und damit ihr Verhältnis zum Menschen – auch nach der Sterilisation deutlicher erhalten. Für eine Familie mit Kindern würde ich daher immer eine sterilisierte Hündin empfehlen, während man bei der Frage der Katze völlig offen sein kann, für welches Geschlecht man sich entscheidet – sofern das Tier sterilisiert wurde.

Der Einfluss der Rasse

Wir haben bereits über die genetische Disposition von Katzen gesprochen – ihre vererbte Fähigkeit, mit Menschen und anderen

Katzen „freundlich“ umzugehen – und wie Wissenschaftler versuchen, diese ererbten Charaktereigenschaften zu untersuchen. Wie stark sich bestimmte Gene durchsetzen und unterschiedliche Typen von Katzen bedingen, zeigt die auch für den Laien unmittelbar einsichtige Vielfalt der Katzenrassen. Schon die Unterschiede in den äußerlichen Merkmalen sind beeindruckend, von Körperbau und Kopfform bis hin zu Fellfarbe und Haarlänge. Rassen entstehen in einem Ausleseprozess, bei dem nur Paarungen von Partnern mit erwünschten Eigenschaften erlaubt sind – natürlich auch durch gezielt eingebrachte Variationen. Wenn es möglich ist, äußerliche Merkmale gezielt zu verändern, warum nicht auch Charaktereigenschaften? Durch bewusste Zucht ließe sich so eine erwünschte Charaktereigenschaft direkt an die nächste Generation weitergeben.

Manche Rassen stammen aus isolierten geographischen Regionen, andere sind einzig das Produkt menschlicher Züchtung, entweder durch fortgesetzte Kreuzung der ursprünglichen Art oder durch gezielte Nutzung zufälliger Mutationen, um eine neue Form zu schaffen. So entstanden beispielsweise die Siam- und Angorakatzen isoliert von anderen Katzengruppen und bilden die Stammväter/-mütter unserer heutigen Hauskatzen diesen Typs. Natürlich existieren inzwischen Variationen in Fellfarbe und Körperform, die von den Züchtern geschaffen wurden. Rassen wie die Somali gehen dagegen auf gezielte Züchtung zurück, in diesem Fall aus der Kreuzung von Abessiniern mit Genträgern für lange Haare.

Die Maine Coon Katze und die Norwegische Waldkatze sind natürlich entstandene Rassen; sie entstammen Kreuzungen von Wildkatzen mit Hauskatzen. Die Maine Coon Katze erhielt ihren Namen, weil die ersten Siedler sie für eine Kreuzung aus Katze und Waschbär (*racoon*) hielten!

Andere Rassen gehen auf eine oder zwei Jungkatzen zurück, die mit einer natürlichen Mutation geboren wurden. Dazu gehören die Rex-Rassen, Devon- und Cornish-Rex Katzen mit leicht gekräuseltem Fell, die haarlose Sphinxkatze und die kurzbeinige Munchkin.

Die haarlose Sphinxkatze hat täglich mit Problemen zu kämpfen: Sie spürt deutlich die Kälte, und während andere Katzen ein Drittel ihrer wachen Zeit mit Fellpflege verbringen, was macht die Sphinx währenddessen? Besitzt sie immer noch die Disposition, sich putzen zu wollen? Was macht sie, wenn sie sich beim Entspannen das Fell lecken möchte – leckt sie ihre Haut? Da sie mit dem Fell auch die Schnurrhaare verloren hat, fehlt ihr einer der wichtigsten Katzensinne, denn sie kann nicht mehr „sehen“, was im Dunkeln um sie vorgeht. Es gibt sogar Versuche, eine Miniaturkatze zu züchten, bisher allerdings noch ohne Erfolg. Sollen wir wirklich alle Zuchtversuche zulassen, nur um noch mehr Rassen zu bekommen? Sicherlich gibt es bereits genügend Rassen, Farben und Persönlichkeiten; müssen wir die Gesundheit und das Wohlbefinden einer Rasse aufs Spiel setzen, nur um eine neue Form oder Farbvariante zu bekommen?

Was in unserem Zusammenhang interessiert, sind die rassespezifischen Verhaltensweisen. Gibt es, wie bei Hunden, auch bei Katzen ganz bestimmte Eigenschaften, die sich einer Rasse zuordnen lassen? In den Jahrtausenden des Zusammenlebens mit den Menschen sind Hunderassen gezüchtet worden, die für ganz bestimmte Zwecke geeignet sind. Es gibt Wachhunde, Schäferhunde, Fährtensucher und sogar Kampfhunde. Andere Rassen wurden eher als Gefährten des Menschen gezüchtet und haben einen freundlichen Charakter. Natürlich eignen sich Hunde sehr gut für die Gesellschaft des Menschen, weil sie in sehr ähnlichen Sozialverbänden leben und sich problemlos innerhalb eines Rudels einordnen – in Menschenfamilien meist an unterer Stelle der Rangordnung. Katzen sind demgegenüber Einzeljäger und obwohl sie durchaus in Gruppen leben können, fehlt ihnen die starke Hierarchie eines Sozialverbandes. Auch Katzen leben seit Tausenden von Jahren mit dem Menschen zusammen, befolgen aber ihre eigenen Regeln und gehen ihren eigenen Interessen nach. In der Tat lebten die Katzen früherer Zeiten einfach nur in der Nähe der Häuser und waren mit einem Schälchen Milch oder den Abfällen der Tafel zufrieden. Die Menschen duldeten sie, weil sie Experten darin waren, Scheunen und Futtervorräte von Mäusen und Ratten zu befreien. Im Sinne einer natürlichen Selektion wurden die Kätzchen gut jagender Mütter wieder als Hauskatzen ausgewählt. Heute müssen Katzen keine guten Jäger mehr sein; in der Tat sähen es die meisten Katzenbesitzer gerne, wenn ihre Katzen gar nicht mehr auf die Jagd gingen – oder doch zumindest so schlechte Jäger wären, dass sie erfolglos blieben.

Über den Zusammenhang von spezifischen Verhaltensweisen und einzelnen Katzenrassen gibt es zwar nur wenige Untersuchungen, doch Züchter und Katzenbesitzer kennen natürlich bestimmte und auffallende Rasseneigenschaften. Allerdings sollte man beachten, dass die individuellen Unterschiede innerhalb einer Gruppe sehr groß sein können. Wenn man also einzelnen Rassen bestimmte Merkmale zugestehen möchte, sollte man niemals vergessen, dass sich einzelne Individuen gänzlich anders verhalten können als die übrigen Tiere ihrer Rasse.

Die Besitzer von langhaarigen Perserkatzen wissen, dass ihre Tiere auf die tägliche Fellpflege angewiesen sind und diese meist friedlich und zutraulich über sich ergehen lassen. Was war zuerst da: das friedliche Wesen oder die Notwendigkeit regelmäßiger Fellpflege? Wahrscheinlich wurden während der Zucht jene Individuen bevorzugt, die bereit waren, sich auf die Fellpflege einzulassen, während abweisende Tiere entweder verfilztes Fell hatten oder ihren Besitzer regelmäßig gekratzt haben. Dennoch sind Perserkatzen, die sich gegen die Fellpflege sträuben, durchaus keine Seltenheit.

Am ehesten fallen abweichende Verhaltensweisen bei den orientalischen Rassen auf, wie den Siamkatzen, Burmesen und anderen Rassen in allen möglichen Farbvariationen. Man sagt, dass Siamkatzen extrovertiert, geschwätzig, fordernd, leidenschaftlich und hingebungsvoll seien – vermutlich stimmen die meisten Besitzer einer Siamkatze dieser Beschreibung zu. Den Burmesen sagt man nach, sie liebten menschliche Gesellschaft, seien sehr hingebungsvoll, würden aber sehr hartnäckig Aufmerksamkeit einfordern. Abessinier werden als scheu und ängstlich gegenüber Fremden beschrieben und die Somali (langhaarige Abessinier) als ausgeglichen und scheu bezeichnet. Noch ein paar Eigenschaften einige ausgewählter Rassen. Türkisch Van: lebhaft; Ragdoll-Katze: tolerant; Angorakatze: mag Spaß und ist freundlich; Russisch Blau: scheu und ruhig; Tonkinese: ungeheuer liebevoll; Rex: verspielt; Korat-Katze: sanft; Balinesen: wie Siamkatzen, aber etwas ruhiger. Ich wage zu bezweifeln, dass man eine Rasse mit so wenigen Worten charakterisieren kann, aber irgendwie muss man ja anfangen.

Bei British Kurzhaarkatzen, auch den guten alten Straßenkatzen, scheint sich der Charakter häufig an der Fellfarbe ablesen zu lassen. Diese Korrelation ist weniger absurd, als man zunächst glauben möchte, denn vielfach gehören Fellfarbe und Eigenschaft tatsächlich zusammen. Bei einem Menschen mit rotem Schopf oder einem Fuchshengst denkt man unwillkürlich an feuriges Temperament – und obwohl ingwerfarbige Katzen als ruhig und freundlich gelten, kommt der „Faktor Rot“ immer dann ins Spiel, wenn sie sich aufregen. Nur 10 % der ingwerfarbigen Katzen sind weiblich und es gibt kaum männliche Schildpattfarben. Schwarze Katzen gelten als ruhig, lassen sich aber nicht gut dressieren.

Einige Untersuchungen der letzten Zeit hatten zum Ziel, etwas mehr Informationen über den Zusammenhang von Rasse und Charaktereigenschaften zu sammeln. Bruce Fogle, der Autor von *The Cat's Mind* (Die Seele der Katze), hat 100 Tierärzte gebeten, sechs verschiedene Katzenrassen bzw. Gruppen (Siamkatzen, Burmesen, Langhaar, Somali, Abessinier, Kurzhaar) zehn Persönlichkeits-Kategorien zuzuordnen. Das Katzenmagazin *Cat World* bat ihre Leser, dasselbe zu tun. Die Ergebnisse der Studien scheinen die sporadischen Eindrücke zu bestätigen.

Siamkatzen, Burmesen, Abessinier und ausländische Kurzhaarkatzen verlangen mehr Aufmerksamkeit als British Kurzhaar oder

Langhaarkatzen. Burmesen findet man immer dort, wo etwas los ist, dicht gefolgt von dem Siamkatzen. Wenn es um Selbstvertrauen ging, standen Siamkatzen und Burmesen in der Rangordnung ganz vorne. Alle Rassen erwiesen sich als liebevoll, allerdings interagierten die Langhaarkatzen weniger mit ihren Besitzern. Siamkatzen, Burmesen und Abessinier erreichten hohe Positionen bei der Bewertung von Aktivität, stimmlicher Interaktion und Kontaktaufnahme. Siamesen werden als verspielt aber zerstörerischer als die übrigen Rassen beschrieben. Perserkatzen und Langhaarkatzen nahmen in Bezug auf Stimmkontakt, Verspieltheit und Erregbarkeit den letzten Rang ein, stehen aber ganz oben, wenn es um Pflegeleichtigkeit geht. Kurzhaarkatzen und Promenadenmischungen erreichten Spitzenplätze, wenn es um die Freundlichkeit gegenüber anderen Katzen ging.

Als man die Besitzer fragte, ob ihre Katzen gerne allein blieben, zeigte sich, dass die Kurzhaarkatzen damit am besten zurecht kamen. Die Burmesen als Schlusslicht sind besonders stark auf menschliche Gesellschaft angewiesen. Somalis und Abessinier waren reservierter und wenig abhängig vom Menschen.

Burmesen zeigten sich als starke Charaktere und wurden von einem Leser der *Cat World* sehr treffend beschrieben: „Hochintelligent und sehr hingebungsvoll, sie sind mutig und lieben die Menschen. Außerdem haben sie die Tendenz, ihr Recht einzufordern und hassen es, wenn man sie ignoriert oder nicht beteiligt“. Ein anderer Besitzer schrieb: „Wundervolle Gefährten, wie fröhliche Kinder.“ Ich möchte noch ergänzen, dass bei Verhaltensproblemen zwischen Katzen häufig mindestens ein Burmese beteiligt ist. Sollte sich ein derart starker Charakter als Despot erweisen, kann das für andere Katzen im Haus oder sogar auf der Straße Terror bedeuten – es sind Fälle von Burmesen bekannt, die in andere Häuser einbrachen, Futter stahlen, Zimmer markierten und die Hauskatze angriffen. Sicher, dies sind extreme und seltene Einzelfälle, aber es kommt nur sehr selten vor, dass an derartigen Aktivitäten Perserkatzen beteiligt sind. Treten dagegen

Problem mit der Reinlichkeit auf (Katzenklo), sind fast immer Perserkatzen involviert – dieses Ergebnis erbrachte die Befragung, als es um die Sauberkeit von Katzen im Haus ging. Während sich alle anderen Katzen als sehr sauber erwiesen, nahmen die Perserkatzen den letzten Rang ein. Perser werden als wunderschön, leise, höflich, entspannt, schlaff, ruhig und sanft beschrieben. Viele Menschen ziehen wegen dieser Eigenschaften Perser den anspruchsvollen Orientalen vor.

Je mehr Daten über den Charakter der einzelnen Arten bekannt werden, desto leichter haben es potentielle Katzenbesitzer, sich für die „richtige" Rasse zu entscheiden und solche mit unerwünschten Eigenschaften zu meiden. Neue Rassen sind weniger verbreitet und entsprechend weniger gut untersucht. In solchen Fällen sollten Sie sich mit dem Züchter in Verbindung setzen und die Eigenschaften der Rasse erfragen.

Zumindest bei einer neuen Rasse ist es gelungen, eine freundliche Katze mit dem Aussehen einer Wildkatze zu züchten: Die Bengal-Katze geht auf eine Kreuzung mit einer echten Wildkatze zurück, der Bengalischen Wildkatze. Inzwischen konnten die Bedenken ausgeräumt werden, die sich wegen der Wildheit der Rasse in den ersten Generationen ergaben. Heute ist die Rasse in Großbritannien anerkannt. Allerdings lehnt es der *Governing Council of the Cat Fancy* (GCCF; er ist für die Pflege der Rassen zuständig) ab, sie als echte Rasse zuzulassen, da sie nicht direkt von einer Hauskatze abstammt. Der Verband erkennt keine Rassen an, in die eine Wildart eingekreuzt wurde. Dieser Standpunkt ist sehr wohl überlegt: Wären die Auflagen weniger streng, würden Züchter vermutlich alle möglichen Wildarten als Kreuzungspartner einsetzen, ohne sich über die Konsequenzen Gedanken zu machen. Es gibt bereits genug wunderschöne Fellfarben und Muster und aus den vorhandenen Katzenrassen werden sich weitere züchten lassen. Wir sollten die echten Wildkatzen deshalb besser in Ruhe lassen und sie lieber in ihren ursprünglichen Lebensräumen schützen.

In jeder Katze steckt ein Tiger

Eine wichtige Facette der Katzenpersönlichkeit bleibt den meisten von uns verschlossen – ihre wilde Persönlichkeit. Katzen, die sich im Zimmer wie niedliche Kätzchen betragen, verwandeln sich in der Freiheit des Gartens in Wildtiere. Dort wird die liebe *Sooty* zum perfekten Jäger, der seine Beute beschleicht, anspringt und tötet. Die Krallen, die man im Haus allenfalls zu sehen bekommt, wenn sich die Katze nach einem Nickerchen streckt, fahren aus und werden zu tödlichen Waffen. Alle Sinne gespannt, mit geweiteten Pupillen, gespitzten Ohren und gespannten Muskeln wartet die Katze darauf, zuschlagen zu können. Ein wildes Tier, das völlig auf Jagd umgeschaltet hat und uns völlig fremd erscheint – ein *alter ego* des zärtlichen Stubentigers, den wir kennen.

Manchmal gelingt uns ein Einblick in diese Welt, während die Katze spielt oder eine kurze Meinungsverschiedenheit mit einem Partner auskämpft, aber (zum Glück) erkennen wir nur selten, mit welcher Kraft sie kratzen und beißen kann. Sollte es dennoch passieren, werden wir diesen Vorfall nie mehr vergessen. Ich möchte dies am Beispiel von *Bomber* erläutern, einer wunderschönen Tabby-Katze, die fast ihre gesamte Zeit in der Wohnung einer alten Dame in Südengland verbrachte. *Bomber* saß am Fenster und beobachtete, was draußen vorging. Sobald ein Rivale auftauchte, regte er sich schrecklich auf und griff alles an, was sich bewegte, häufig auch seine Besitzerin. Einer dieser Angriffe endete im Krankenhaus, weil sich die Katze tief in die Fußgelenke verbissen hatte und die Wunden zu eitern begannen. Nach diesem Vorfall durfte *Bomber* häufiger ins Freie gehen und konnte dort seine Persönlichkeit viel besser ausleben.

Wir vergessen allzu leicht, dass unsere Hauskatzen nur kleine Versionen von Löwen und Tigern sind, den Großkatzen, die als „wild" gelten und die wir fürchten. Daher sollten wir uns glücklich schätzen, dass Hauskatzen in der Lage sind, ihr Verhalten umzuschalten und friedlich mit uns zusammenleben. Peter Neville, der sich mit dem Verhalten von Katzen befasst, hat in seinem neuesten Buch, *Claws and Purrs* (Krallen und Schnurren) diese „gespaltene Persönlichkeit“ der Katzen untersucht. Er führt aus, dass wir uns bemühen sollten, die wilde Seite unserer Katzen schätzen zu lernen. Immerhin sind sie in der Lage, in fast allen Lebensräumen zurecht zu kommen und setzen ihre Fähigkeiten nicht nur dazu ein, Beute zu jagen, sondern auch, um mit uns Menschen zu leben.

Obwohl die Jagdinstinkte allen Katzen angeboren sind, gibt es gute und weniger erfolgreiche Jäger. Häufig haben gut jagende Mütter auch erfolgreich jagende Kinder – dies mag an der Vererbung liegen, ganz sicher aber auch an ihrem guten Vorbild, das die Kätzchen durch Beobachtung nachahmen. Zwar können sich die Nachkommen einer ungeschickten Jägerin die Jagdfertigkeiten grundsätzlich selbst beibringen, werden dies aber nur selten erfolgreich tun.

Wählen Sie die richtige Katze aus

Welche Auswirkungen haben Forschungsergebnisse und die Erfahrungen anderer auf die Wahlentscheidung eines Laien – Rassekatze oder Promenadenmischung? Die sicher wichtigste Eigenschaft einer Hauskatze sollte ihr freundlicher Charakter sein, danach folgt der erforderliche Pflegeaufwand und schließlich muss sie während ihrer Prägungsphase möglichst viel gelernt haben. Wir können die Beziehung zu unserer Katze durch regelmäßiges Füttern und viel Zuwendung vertiefen, während es uns die Kenntnis ihrer natürlichen Verhaltensweisen erlaubt, möglichst intensiv mit ihr zu kommunizieren.

Gute Katzenzüchter legen Wert darauf, dass die Jungkatzen, die sie als Hauskatzen verkaufen, einen aufgeschlossenen Charakter haben; sie vermeiden es daher, nervöse oder aggressive Katzen einzukreuzen. Nachkommen von Rassekatzen bleiben beim Züchter, bis sie zwölf Wochen alt sind – so verlangen es die offiziellen

Vorschriften für die Züchter in Großbritannien. Sollten Sie sich für eine Promenadenmischung entschieden haben, dürfen Sie ihr Tier im Alter zwischen sechs und sieben Wochen mit nach Hause nehmen. Allerdings sollten Sie ihr Kätzchen zunächst nicht ins Freie lassen und ihr keinen Kontakt mit nicht geimpften Katzen erlauben; dies ist erst nach den üblichen Schutzimpfungen gefahrlos möglich. Dieser Zeitrahmen wird auch von Verhaltensforschern empfohlen. Jungkatzen sollten möglichst kurz nach der Entwöhnung – mit etwa sieben Wochen – ihre neuen Besitzer kennen lernen. Auf diese Weise besteht die größte Chance, dass sich noch während der Prägungsphase eine Bindung aufbauen. Bei Katzen mit Stammbaum sorgt der Züchter dafür, dass die Jungkatzen alle möglichen Kontakte knüpfen, mit Menschen, Hunden und anderen Katzen. Dabei bewegen sie sich auf einem schmalen Grat, denn sie müssen verhindern, dass sich die Kätzchen infizieren und sie gleichzeitig über die Kontakte zu freundlichen, den Menschen gegenüber offenen und selbstbewussten Katzen erziehen.

Bevor Sie sich für ein Jungtier entscheiden, müssen Sie sich über die Rasse klar werden. Wollen Sie ein Tier, das gut alleine zurechtkommt, das unabhängig bleibt und Sie nur hin und wieder besucht? Oder wollen Sie lieber eine Katze, die sich mehr mit Ihnen befasst, Ihre und die Gesellschaft anderer Katzen sucht?

Sie müssen entscheiden, ob Sie lieber eine Katze mit oder ohne Stammbaum wünschen und wie viel Zeit Sie für die Körperpflege aufwenden können. Das Fell einer Perserkatze muss beispielsweise täglich unter großem Zeitaufwand gepflegt werden. Viele Menschen, die orientalische Katzen attraktiv finden, schrecken vor einem Kauf zurück, wenn sie erfahren, wie viel Zuwendung diese Rassen brauchen. Wenn eine solche Katze den ganzen Tag allein bzw. ausschließlich im Zimmer zubringt, wird sie unter Langeweile leiden und kann psychischen Schaden nehmen. Sollten Sie nach einer Katze suchen, die sich gut in die Familie einfügt, dann entscheiden sie sich für eine Promenadenmischung. Man bekommt sie bereits im frühen Alter, sodass sie sich leicht in die Familie integrieren und während des Aufwachsens alles lernen, was sie für die Zukunft benötigen.

In der Regel zahlt es sich aus, gleich zwei Kätzchen zu erwerben. Die beiden leisten sich Gesellschaft, vor allem, wenn Sie das Haus verlassen müssen. Für uns stellte sich diese Frage, nachdem wir uns definitiv für eine Rasse entschieden hatten (Siamese). Sollten wir eine kaufen, die sich enger an uns binden würde, oder zwei, die sich gegenseitig Gesellschaft leisten würden? Würden sich zwei Katzen enger aneinander als an die Familienmitglieder binden? Wir haben uns letztlich für zwei entschieden und dies niemals bereut. Ich bin häufig sehr dankbar dafür, dass sich die beiden haben, denn uns fehlt oft die Zeit, sie zu kraulen und mit ihnen zu spielen; und ich brauche keine Schulgefühle zu haben, weil meine Haustiere nicht genug Zuwendung bekommen. Die beiden blieben während des ersten Monats sehr eng zusammen und begannen danach, Kontakt zu unserer Promenadenmischung *Bullet* aufzunehmen – nachdem er von seinem Podest herabgestiegen war und entschied, dass die beiden eigentlich ganz nett seien. Sie spielen gerne miteinander, doch wenn wir sie rufen, spielen sie auch gerne mit uns oder rollen sich zufrieden auf unserem Schoß zusammen und genießen offenbar unsere Nähe – alle profitieren von unserem Arrangement. Wenn Sie eine Katze haben möchten, die ausschließlich im Zimmer bleibt, wäre es sehr rücksichtslos, sie den ganzen Tag alleine zu lassen, während Sie arbeiten; zwei Katzen sind viel besser.

Achten Sie beim eigentlichen Kauf unbedingt darauf, dass Ihr neues Kätzchen gesund ist. Gesunde Katzen haben klare, helle Augen und sauberes Fell (sehen Sie unter dem Schwanz nach Anzeichen von Durchfällen nach). In der Aufregung des Kaufs ist es nicht leicht, auf Persönlichkeitsmerkmale zu achten, da man sich meist aufgrund äußerer Merkmale entscheidet. Dennoch sollten Sie sich diese Zeit nehmen. Spielen Sie mit allen Kätzchen und fragen Sie den Züchter nach den Eigenschaften der Tiere. Fragen

Sie auch danach, wie der Kontakt mit Menschen war und ob sie bereits Berührung mit anderen Tieren hatten. Wenn Sie nach einer ruhigen Katze suchen, die sich eng an Menschen anschließt, dann beobachten sie, welches der Kätzchen fröhlich spielt und sich nicht von den fremden Menschen beunruhigen lässt; oder sie nehmen eines, das auf Sie zukommt, um Sie zu untersuchen. Meiden Sie Kätzchen, die in einer Ecke hocken, denn dabei könnte es sich um nervöse Persönlichkeiten handeln, die allen Ihren Versuchen nach Bindung Widerstand leisten. Natürlich sind diese Anmerkungen nur eine grobe Richtschnur, aber sie helfen Ihnen dabei, nicht gerade das nervöseste Kätzchen des Wurfes zu erwerben, das sich niemals zu einem guten Haustier entwickelt. Entscheiden Sie sich für ein freundliches, nicht hyper-aktives Kätzchen, das sich zu einem lieben Gefährten entwickeln wird und sein Leben mit Selbstvertrauen meistert. Denken Sie unbedingt daran: Die Katze, für die Sie sich hier und jetzt entscheiden, wird Sie 20 Jahre lang begleiten.

Zu Hause angekommen, bereiten Sie den neuen Kätzchen ein sicheres und weiches Lager. Suchen Sie nach einem goldenen Mittelweg zwischen allzu heftiger Zuneigung und Vernachlässigung. Benutzen Sie zunächst dasselbe Futter und dieselbe Streu, die das Kätzchen vom Züchter gewöhnt ist. Wenn Sie später etwas verändern wollen, dann langsam und mit Vorsicht. Halten Sie das/die Kätzchen am Anfang in einem Raum (oder stellen Sie den Kontakt zu anderen Haustieren her, solange das Kätzchen noch im Käfig sitzt; siehe Seite 168), bis es von selbst beginnt, die Umgebung zu erkunden. Schon bald, innerhalb von ein bis zwei Tagen, wird ein neues Kätzchen neugierig seine ersten Auflüge wagen.

Natürlich gibt es keine Garantie dafür, dass sich eine Katze genauso entwickelt, wie Sie es gerne hätten, aber normalerweise überzeugen alle Katzen ihren neuen Besitzer durch ihren Charme und werden zu lieben und geliebten Familienmitgliedern.

▸ Tipps: So entwickeln Sie die Persönlichkeit Ihrer Katze

Inzwischen wissen Sie, welches Potential in Ihrer Katze schlummert; hier einige Tipps, wie Sie das Beste aus Ihrer Katze machen und wie Sie deren Entwicklung und Persönlichkeit optimal steuern.

- ▸ Wählen Sie die Rasse (sofern Sie eine Katze mit Stammbaum wollen) nach Persönlichkeitsmerkmalen und Aussehen aus.
- ▸ Suchen Sie sich die Jungen von einem Züchter aus, wo Katzenmutter und Junge in einer Familie leben und schon früh mit Menschen, Hunden und anderen Katzen in Berührung kommen.
- ▸ Kaufen Sie Nachkommen von gesunden, aufgeschlossenen Eltern mit Selbstvertrauen.
- ▸ Ziehen Sie ernsthaft den Kauf von zwei Kätzchen in Betracht.
- ▸ Entscheiden Sie sich für ein aktives, offenes, ruhiges und freundliches Kätzchen.
- ▸ Schenken Sie ihrem neuen Hausgenossen Liebe, Zuwendung und bieten Sie ihm viele Anregungen.
- ▸ Versuchen Sie, zurückhaltende Katzen mit Futter und Wärme an sich zu gewöhnen.
- ▸ Scheue Katzen dürfen nicht gejagt oder mit Zuneigung überschüttet werden – dann ziehen sie sich noch mehr zurück.

Intelligenz und Erziehung

Sind Katzen intelligent? Sind sie vielleicht sogar intelligenter als Hunde, da sie unabhängig vom Menschen überleben können? Oder sind sie weniger intelligent als Hunde, weil sie nicht lernen, auf Kommandos zu reagieren? Solche Fragen kann man nur beantworten, wenn man definiert, was unter Intelligenz zu verstehen ist. Ist Intelligenz die Summe der intellektuellen Fähigkeiten, oder die Bereitschaft, neue Dinge zu lernen bzw. zwischen verschiedenen Dingen unterscheiden zu können? Vielleicht bedeutet Intelligenz jedoch vor allem, mit wechselnden Bedingungen fertig zu werden und sie zum eigenen Vorteil zu verwenden. Die Intelligenz von Menschen zu beschreiben, ist schon eine recht komplizierte Angelegenheit, aber wie sieht es dann erst bei Tieren aus?

Häufig wird als Beleg für die Intelligenz von Hunden angeführt, dass sie sich dressieren lassen. Hunde, die schnell reagieren oder die wir für bestimmte Aufgaben ausgebildet haben wie Blindenhunde, Jagdhunde oder Drogenhunde, gelten als intelligent. Vielleicht sind auch die Hunde, die wir als träge bezeichnen, nicht etwa faul und dumm, sondern ihnen fehlt nur die Motivation zu lernen. Spürhunde wie Beagles oder Bassets folgen zwar einer Spur, die ein einsamer Fuchs vor Stunden auf seinem Weg über Berg und Tal hinterlassen hat, sind aber nahezu außer Stande, auf Zuruf zurückzukommen – eine der leichtesten Übungen für die meisten anderen Hunde.

Was also gilt für die Katze? In der Geschichte ihrer Domestizierung waren Katzen niemals wie die Hunde direkt an bestimmten menschlichen Aktivitäten beteiligt. Katzen sind zwar hervorragende Mäusejäger, wurden aber niemals als „Jagdkatzen“ eingesetzt. Wir haben sie in eine Scheune gesetzt und erwartet, dass sie ihren natürlichen Instinkten folgen. Daher lassen sich Katzen nicht in dieselben Kategorien einteilen wie Hunde. Sicher gibt es Berichte von „Superkatzen“, die Türen öffnen können, Hausschuhe bringen, auf Kommandos hören, scheinbar in direkte Kommunikation mit ihren Besitzern treten oder „nachdenken“. Vielleicht sollte man Intelligenz in unserem Zusammenhang als die Fähigkeit definieren, nicht nur innerhalb der eigenen Art, sondern auch über die Artgrenzen hinweg zu kommunizieren – genau das können Katzen mit uns Menschen. Sollte die Größe eines Gehirns etwas mit seiner Leistung zu tun haben, dann steht die Katze auf derselben Höhe wie Primaten und Delfine, denn im Verhältnis zur Körpergröße wird das Gehirn der Katzen nur von diesem beiden Gruppen übertroffen.

Kann man Intelligenz messen?

Wie misst man die Intelligenz einer Katze, wenn man nicht ausschließlich auf die Analyse anekdotischer Hinweise vertrauen möchte, was bestimmte Katzen getan bzw. nicht getan haben? Es kommt darauf an, Messapparaturen zu entwerfen, die uns Einblicke in die Denkweise von Katzen verschaffen. Mit Hilfe solcher Tests können wir dann theoretisch verschiedene Tiere miteinander vergleichen, obwohl daraus neue Probleme erwachsen. Es macht durchaus Sinn, die Fingerfertigkeit eines Affen zu bewerten – er verfügt bereits über gewisse Erfahrung und hat Fingerbewegungen in seinem Bewegungsrepertoire – aber bei einer Katze oder einem Hund machte ein Test dieser Art keinen Sinn. Sie waren nie darauf angewiesen, ihre Fingerfertigkeit zu erproben. Also werden Katzen und Hunde in solchen Tests langsamer lernen und schlechter begreifen, was von ihnen gefordert wird. In der Tat sind die Denkstrukturen von Katzen und Hunden völlig anders gelagert. Sie müssten sich wesentlich stärker umstellen, um die Aufgabe zu erfüllen und würden dann – selbst bei etwas schlechteren Ergebnissen – entsprechend mehr leisten als ein Affe. Offenbar zeigt ein schlechter Test sogar das Gegenteil von dem, was er untersuchen möchte. In der Bewertung würde es vor „wenn" und „aber" nur so wimmeln. Solche Bemühungen fielen ähnlich aus wie der Vergleich eines Zimmermanns mit einem Computerprogrammierer. Jeder der beiden verfügt über ganz spezifische Fertigkeiten, die sich nicht direkt vergleichen oder gar messen ließen – was den einen aber nicht „schlechter" macht als den anderen.

Katzen können lernen, eine Reihe von Handlungen auszuführen, mit denen sie sich aus einem abgeschlossenen Raum befreien. Das was sie gelernt haben, setzen sie erfolgreich ein, um aus ähnlichen Situationen zu entfliehen – man könnte sagen, dies ist eine Form von Intelligenz.

In einem anderen Experiment erhielten Hunde oder Katzen eine Belohnung, wenn sie sich einen Kasten merkten, der für eine kurze Zeit beleuchtet wurde. Während sich Hunde nach Erlöschen des Lichtes nur etwa fünf Minuten lang an den erleuchteten Kasten erinnern konnten, wussten es Katzen noch bis zu 16 Stunden danach. Mit diesem Ergebnis übertrafen sie sogar Orang-Utans und andere Affen. Da Katzen echte Verknüpfungen herstellen können, wie zwischen Kasten und Licht, verfügen sie über ein Kernelement der Intelligenz. Ihre Lernfähigkeit, aus Labyrinthen herauszufinden, Hindernisse zu überwinden oder Lichter mit Belohnungen zu assoziieren, basieren auf dem Prinzip des Versuch-und-Irrtum-Lernens. Die Katze lernt, dass sie eine Belohnung bekommt, wenn sie eine Reihe von Handlungen korrekt ausführt. Da die Belohnung sehr schnell auf die korrekte Handlungsweise erfolgt, erkennt die Katze rasch, dass beide Vorgänge – Handlung und Belohnung – direkt miteinander assoziiert sind. Das steigert ihre Motivation, bei ähnlichen Problemstellungen wiederum entsprechend zu reagieren.

Wir alle kennen den Versuch von Pawlow mit dem speichelnden Hund. Dieser Typ von Experiment gilt als Beispiel für klassische Konditionierung, d.h. die Assoziation zweier Vorgänge, die zeitlich zwangsläufig aufeinander folgen: Pawlow ließ eine Glocke ertönen und blies dem Hund unmittelbar danach Futterpulver ins Maul. Nach einigen Durchgängen sonderten die Speicheldrüsen bereits Speichel ab, wenn nur die Glocke zu hören war. Nach dem selben Prinzip reagieren Katzen, die wie der Blitz aus dem Nichts erscheinen, wenn sie hören, wie der Futterschrank geöffnet wird oder ihr Napf auf dem Fußboden scheppert. Wir erinnern uns noch nach Jahren an vergangene Ereignisse, wenn wir ein bestimmtes Musikstück, Stimmen oder andere Geräusche hören. Besonders starke Erinnerungen ruft dabei unserer Geruchssinn hervor, der eigentlich zu den eher schwächeren unserer Sinnesleistungen gehört. Ich zweifele nicht daran, dass Katzen mit ihrem vielfach stärkeren Geruchssinn noch wesentlich besser Ereignisse aus der Vergangenheit mit bestimmten Gerüchen assoziieren und vor allem bei unangenehmen Erfahrungen einen weiten Bogen um bestimmte Duftnoten machen.

Konditionierungen dieser Art sind entscheidend für das Überleben eines Tieres. So lernen sie, von welchen Situationen Gefahren ausgehen könnten und welche Anzeichen ein positives Ereignis ankündigen. Verknüpfungen zwischen einem Ereignis und einem Duft, Geräusch oder Anblick bleiben lange erhalten, können aber auch verstärkt oder verändert werden, wenn sich die Umstände ändern. Wählt man beispielsweise einen anderen Platz für das Katzenfutter, wird die Katze zunächst jedes Mal auftauchen, wenn die „alte" Tür geöffnet wird. Allerdings wird sie bald bemerken, dass wir nicht ihr Futter, sondern etwas anderes aus dem Schrank holen. Es dauert jedoch nicht lange, dann stellt sie die alte Verknüpfung wieder her, nun jedoch in Verbindung mit einem anderen Türgeräusch. Junge, heranwachsende Tiere machen ihre Erfahrungen in einer Umgebung ohne drohende Gefahren. Dort reagieren Sie auf Neues viel ruhiger, als sie auf potentielle Gefahren reagieren würden. Während sie wachsen und lernen, fallen daher ihre Reaktionen auf gesehene oder gehörte Dinge nicht besonders dramatisch aus. Bei jedem Besuch des Gartens finden sie weniger Objekte, die eine genauere Untersuchung lohnen – wie zu der Zeit als sie noch ein verspieltes Kätzchen war.

Setzt man Intelligenz mit Anpassung gleich, dann gehören Katzen in die Spitzengruppe. Die einzelnen Katzenarten haben gelernt, in allen möglichen Lebensräumen zu überleben – Wüste, Dschungel oder Arktis, mit oder ohne Hilfe des Menschen. Katzenindividuen kommen ebenfalls mit den unterschiedlichsten Bedingungen zurecht; sie müssen sich anpassen, wenn sie überleben wollen. Katzen sind anpassungsfähig, vielseitig und scheinen rasch aus der Erfahrung zu lernen. Junge Kätzchen lernen fast alles durch die Anschauung. Ich habe bereits erwähnt, dass junge Katzen schneller lernten, einen Hebel zu drücken, um Futter zu erhalten, wenn sie ihre Mutter dabei beobachten durften. Katzen lernen auch sehr schnell durch Assoziation. Ihren Transportkorb assoziieren sie mit dem unangenehmen Besuch beim Tierarzt, der ihnen eine Impfspritze verpasst hat. Selbst wenn dies nur einmal im Jahr geschieht, die Katze verschwindet sofort, wenn man sich mit dem Korb nähert. Wenn sie die Sprühflasche mit dem Flohspray entdecken, assoziieren sie sofort „eklig riechenden Horror“ und versuchen, ihm um jeden Preis zu entgehen. Meine Katze *Flirt* bemerkt sofort, wenn ich mich ihr anders nähere als üblich, wenn sie wie immer vor dem Schlafengehen in die Küche sperren will. Woher sie weiß, dass ich an diesem Abend versuchen werde, ihr eine Entwurmungstablette zu geben, weiß ich nicht, aber sie scheint meine Absicht zu spüren und ergreift die Flucht.

Das Potential entwickeln

Es ist bekannt, dass Kätzchen, die im Alter von zwei bis sieben Wochen Kontakt zu Menschen hatten, später bereitwilliger auf Menschen zugehen und eher zu verantwortungsbewussten, offenen und interaktiven Katzen werden, so lange man ihnen nur genug neue Anregungen bietet. Wie kleine Kinder saugen sie alles in sich auf, ohne Angst und ohne Hemmungen vor der eigenen Begrenztheit. Es ist bekannt, das Kätzchen sehr schnell entwöhnt werden und selbst jagen können, wenn die Milch knapp wird, d.h. bereits in diesem jungen Alter sind sie äußerst anpassungsfähig und verfolgen neue Überlebensstrategien. Werden Kätzchen während dieser Prägungsphase in einer reizarmen Umgebung gehalten, lernen sie niemals, Probleme zu bewältigen oder neugierig zu sein. Sie gehen allen fremden und unangenehmen Dingen aus dem Weg. Wenn Sie eine „gute“ Katze haben möchten, dann sollten Sie sich früh bemühen. Das Gleiche gilt übrigens auch für das Training von Blindenhunden. Schon als Welpen werden sie von ausgebildeten Trainern mit verschiedenen Situationen konfrontiert, damit sie schon als Jungtiere möglichst viele Dinge sehen, hören und riechen und mit allen Arten von Menschen und Tieren in Kontakt kommen. Unmittelbar nach der Entwöhnung, etwa ab der siebten Woche, leben die späteren Blindenhunde in einer normalen Familie. So erlernen sie rasch die meisten Situationen, die sie später als Blindenhunde bewältigen müssen, und können sich auf ihre schwere Aufgabe konzentrieren, ohne sich zu fürchten oder gar wegzurennen – mit dem blinden Menschen am anderen Ende der Leine.

Erziehungsmethoden

Mit Hilfe von Erziehung bzw. Training lässt sich das Verhalten eines Tieres in eine gewünschte Richtung steuern. Es gibt unterschiedliche Methoden und die Dressur kann verschiedene Ziele haben. Tiere können einfache Tricks erlernen, d.h. sie reagieren auf ein spezifisches Kommando, wie „Sitz!“, „Bleib!“ oder „Mach Bitte!“, mit einer bestimmten Körperhaltung, sie meistern aber auch schwierige Tricks wie in einem Zirkus. In einem anderen Zusammenhang bedeutet Dressur aber auch, eine junge Katze stubenrein zu machen. In diesen Fällen gewöhnen sich die Tiere daran, bestimmte Verhaltensweisen regelmäßig in ihren normalen Tagesablauf einzubauen.

Man kann Katzen auch beibringen, an der Leine spazieren zu gehen. Für Katzenbesitzer in verkehrsreichen Städten bedeutet dies, die Katze ohne Risiko ausführen zu können – ohne Gefahren durch Autos oder Straßenkatzen/-hunde. Zu einer solchen Dressur gehört nicht nur, dass man seine Katze daran gewöhnt, ein Geschirr zu tragen und später über die Leine mit einem Menschen verbunden zu sein, sie muss sich auch an die spätere Umgebung gewöhnen, in die die Spaziergänge sie führen. Beginnt man das Training bereits mit einer jungen Katze, fällt ihr das Lernen viel leichter und sie wird es später als normal empfinden, an der Leine in vertrauter Umgebung spazieren zu gehen.

Einige Katzen, vor allem ängstliche Typen, werden sich niemals an das Geschirr oder das Gefühl gewöhnen, an der Leine zu laufen, während eine selbstsichere, entspannte Katze nur selten in Panik gerät und sich hoffnungslos in der Leine verwickelt – das passiert nur dann, wenn das Tier niemals die Furcht vor Leine und Geschirr verliert. Gestalten Sie die Übungen ruhig und erfreulich für Ihre Katze. Beginnen Sie mit dem Geschirr; ein weiches Modell, das um den Brustkorb getragen wird ist besser als ein einfaches Halsband. Hören sie sofort auf und entfernen Sie das Geschirr, wenn die Katze sich aufregt. Legen Sie es ihr immer nur für kurze Zeit an, z.B. während die Katze gefüttert wird, damit sie mit dem Geschirr eine angenehme Situation verbindet. Zunächst sollte die Katze ihr Geschirr nur im Haus tragen und immer ohne die Leine. Zerren Sie die Katze niemals am Geschirr hin und her; sobald die Leine angelegt wurde, muss sie sich zunächst an das Gefühl gewöhnen, mit Ihnen verbunden zu sein. Ideal sind Leinen um zwei Meter Länge, bei längeren Schnüren könnte das Training außer Kontrolle geraten. Belohnen Sie Ihre Katze, wenn sie einige Schritte mit Ihnen gelaufen ist – bieten Sie ihr kleine Futterstückchen an. Verlängern Sie die Wege nach und nach durch das ganze Haus; sobald Ihnen die Katze vertraut, können sie auch in den Garten gehen.

Selbst Katzen, die sich daran gewöhnt haben, das Geschirr im Haus zu tragen, könnten in Panik geraten, wenn sie nach der Ruhe der Wohnung mit lärmenden Autos, Kindern, Skateboards, Fahrrädern, überraschend auftauchenden Hunden und anderen unbekannten Geräuschen konfrontiert werden. Daher gehört zum Training auch eine Eingewöhnungsphase, in der eine Katze so viele der fremden Eindrücke wie möglich kennen lernt. Die natürliche Reaktion einer Katze auf eine vermeintliche Gefahren ist die Flucht, daher müssen Sie ihr die erforderliche Sicherheit bieten und gegebenenfalls einschreiten, wenn Ihre Katze sich durch irgendetwas zur Flucht genötigt sieht.

Fast alle Hundebesitzer sind in der Lage, ihre Tiere einfache Befehle zu lehren – allerdings spricht das oft mehr für die Fähigkeiten der Hunde als für die Lehrer. Aber wie steht es mit Katzen? Kann man ihnen beibringen, auf Kommandos zu reagieren? Katzen sind nicht gerade als gehorsame Tiere bekannt, daher gelten sie landläufig oft als dumm, stur oder durchtrieben. Andererseits lernen sie äußerst schnell, wenn die Aufgaben ihren natürlichen Fähigkeiten entsprechen. Man kann bei der Erziehung eines Hundes fast alle goldenen Regeln des Tiertrainings vernachlässigen, dennoch bleibt er bei uns und gehorcht häufig sogar den Kommandos. Versucht man das bei Katzen, ist ein Scheitern vorprogrammiert. Katzen sind eben keine Hunde und führen ein gänzlich anderes Leben.

Grundsätzlich gelten für alle Tiere dieselben Trainingsregeln – vom Tiger bis zum Elefanten, vom Delfin bis zum Pferd. Zunächst gilt es, das natürliche Verhalten des Tieres zu verstehen: Wie reagiert es auf eine bedrohliche Situation? Was macht es gerne? Welche Situationen wirken motivierend?

Die zweite Regel ist das Prinzip von Belohnung und Lob – Bestrafungen und Angst hemmen den Lernprozess. Sicher kennen Sie das Gefühl, vor lauter Aufregung nicht mehr klar denken zu können oder gar eine neue Fertigkeit unter hohem Druck erlernen zu müssen. Daher muss ein Delfintrainer seine Tiere stets ermutigen und sie auffordern, am Training wie an einem Spiel teilzunehmen. Wenn er erreichen möchte, dass die Delfine ein Seil überspringen, darf er nicht ein meterhohes Seil spannen und erwarten, dass die Tiere zu springen beginnen. Zunächst liegt das Seil auf der Wasseroberfläche und die Delfine werden bereits belohnt, wenn sie zufällig darüber schwimmen. Dann wird das Seil etwas höher gehängt. In diesem Augenblick beginnt die kritische Phase des Trainings: Schwimmen die Delfine einfach unter dem Seil durch, haben sie nicht begriffen, worauf es ankommt. Also wird das Seil wieder gesenkt und alles beginnt von vorn. Die Delfine werden niemals bestraft – sie haben niemals das Gefühl, etwas „falsch" gemacht zu haben. Wenn der Trick nicht klappt, dann wollte der Trainer zu viel und zu schnell. Für den Delfin gibt es nur Belohnungen; er empfindet das Training als positive Beschäftigung.

Diese Vorgehensweise gilt auch für eine Katze, die lernen soll, die Katzenklappe zu benutzen. Zunächst bleibt die Klappe weit offen. Locken Sie die Katze mit Rufen und Belohnungen durch die Klappe, bis sie begreift, dass sie hier einen bequemen Zugang ins und aus dem Haus hat. Dann wird die Klappe immer weiter geschlossen und mit einer Stütze fest gehalten. So lernt ihre Katze, dass sie nur leicht gegen die Klappe drücken muss, um sich durch die Öffnung zu quetschen. Schließlich wird die Öffnung immer mehr verengt, bis die Katze gelernt hat, wie sie die verschlossene Klappe öffnen kann. Manche Modelle sind wegen einer Gummidichtung etwas schwergängig und brauchen einen ordentlichen Stoß, bis sie sich öffnen. In solchen Fällen müssen Sie Ihre Katze etwas stärker ermuntern. Sobald es der ersten Katze im Haushalt gelingt, die Klappe selbstständig zu öffnen, werden neue Katzen diesen Trick sehr viel schneller lernen, weil sie ihren Artgenossen beobachten. Erinnern Sie sich an den Abschnitt über die Assoziation, d.h. die Verknüpfung bestimmter Handlungen mit einem bestimmten Ergebnis. Vielleicht ist eine Katze, die einfach nicht lernen will, wie die Katzenklappe funktioniert, gar nicht langsam. Es könnte durchaus sein, dass sie sogar sehr schnell gelernt hat, wie die Klappe funktioniert. Sie hatte den Kopf aus der Tür gesteckt und wurde sofort von einem Rivalen oder einem Hund aus der Nachbarschaft angegriffen. Aus dieser Erfahrung zieht sie den Schluss, sich nie wieder in eine derart gefährliche Situation zu begeben. Statt dessen wartet sie ab, bis Sie ihr die Tür öffnen! Auf diese Weise fühlt sie sich sicher. Die Katze weiß, dass Sie da sind und wahrscheinlich einen Rivalen im Garten vertreiben. Dann kann die Katze sicher aus dem Haus gehen. Ärgern Sie sich also nicht über eine scheinbar begriffsstutzige Katze – für sie hängt das Überleben davon ab, nur sehr kalkulierbare Risiken einzugehen; und schließlich weiß sie genau, dass ihr Beschützer in der Nähe ist, wenn die Tür geöffnet wird.

Es gibt eine weitere Methode, die sich bei der Hundeerziehung vielfach durchgesetzt hat und auch bei Katzen funktioniert: Das Clicker-Training. Der Hintergrund dieser Methode basiert auf der Konditionierung. Ein kleines Plastikkästchen enthält einen starren Metallstreifen, der klickt, wenn man darauf drückt (so ähnlich wie die Knackfrösche aus Ihrer Kindheit). Durch das Klicken erfährt der Hund sofort, welche seiner Handlungen eine Belohnung verdient. Der Ton ist durchdringend und kann sofort nach der entsprechenden Handlung erzeugt werden – erst danach gibt es eine „echte" Belohnung. Dieses Klicken funktioniert präziser als eine lobende Stimme und wird rasch mit der Belohnung assoziiert. Auch wenn die tatsächliche Belohnung erst etwas später kommt, erkennt das Tier, dass es sich wie gewünscht verhalten hat. Natürlich muss die Belohnung katzengerecht sein und etwas Besonderes darstellen – Hähnchenstücke oder Shrimps sind nicht schlecht!

Sobald die Katze das Klicken fest mit der darauf folgenden Belohnung assoziiert hat, können Sie mit dem eigentlichen Training beginnen. Überlegen Sie sich genau, was Sie von Ihrer Katze verlangen möchten und zerlegen Sie den Vorgang in möglichst kleine Schritte. Entscheiden Sie sich für eine leckere Belohnung; sie wird in kleine Stückchen zerteilt und während einer Trainingsstunde nach und nach verteilt. Setzen Sie das Klicken und die Belohnung immer dann ein, wenn die Katze einen Schritt richtig gemacht hat. Verzichten Sie auf jede Art von Bestrafung. Katzen empfinden selbst kleinste Rügen als Zurückweisung – belohnen Sie jegliches positive Verhalten und ignorieren sie alles übrige.

Das A und O jeder Erziehung: Belohnung

Damit der Lernvorgang erfolgreich abgeschlossen werden kann, kommt es auf exaktes Timing der Belohnungen an. Sie müssen sofort und jedes Mal erfolgen, wenn die Katze das gewünschte Verhalten zeigt. Sollten nur einige Sekunden zwischen Tun und Belohnung vergehen, könnte die Katze den Leckerbissen mit der Situation unmittelbar davor (nicht unbedingt mit dem erwünschten Verhalten) assoziieren. Nur bei sofortiger, regelmäßiger Belohnung lernt die Katze schnell und ist motiviert, genau das zu tun, was von ihr erwartet wird.

Genauso wichtig ist es, eine Belohnung zu wählen, die von der Katze auch als solche empfunden wird. Es muss sich um etwas handeln, was die Katze mag und genießt. Delfine, die Fische, und Hunde, die Fleischbröckchen bekommen, sind offenbar zufrieden und werden entsprechend regieren. Ein Hund ist vielleicht sogar mit mündlichem Lob und einem Tätscheln zufrieden, ein Delfin ganz sicher nicht. Wie sieht es hier mit Katzen aus? Im Unterschied zu Hunden, die sich über einen Leckerbissen außer der Reihe sehr freuen, schätzen Katzen einen besonderen Bissen vor allem dann, wenn sie hungrig sind. Der Erfolg einer Dressur hängt also davon ab, ob Sie ein gutes Verhältnis zu Ihrer Katze haben und genau wissen, über welche Belohnung sie sich im Training besonders freut. Sicher mögen die meisten Katzen Wärme und Aufmerksamkeit – aber eben nicht ständig. Es ist wirklich schwierig, eine Katze zu bestechen. Üben Sie immer dann, wenn die Katze von sich aus zur Interaktion bereit ist. Motivieren Sie Ihre Katze, indem Sie mit ihr spielen, sie streicheln, füttern oder sich vielleicht sogar an einen besonders beliebten, warmen Platz setzen – eine Katze zu dressieren ist schwieriger und aufwändiger als einen Hund.

Tatsächlich kann man einer Katze ähnlich viele Tricks beibringen wie einem Hund, z.B. Pfötchen geben oder sitzen, aber man braucht viel Zeit und Geduld – etwas, worüber viele Menschen leider nicht mehr verfügen. Es ist immer besser, das Training schon bei jungen Katzen zu beginnen; sie sind offener für Anregungen und freuen sich über Neues. Man kann einem alten Hund durchaus noch Tricks beibringen, obwohl es etwas länger dauert, während eine alte Katze durchaus schon abwägt, ob ein ruhiges, ungestörtes Schläfchen vor dem Kamin oder ein Bummel durch ihr Revier nicht viel mehr wert ist, als alle Belohnungen zusammen. Für sie ist die selbstständige Entscheidung, was sie im nächsten Moment tun wird, die beste aller Belohnungen. Während einige Katzen Naturtalente sind, was das Lernen angeht, sind andere zu faul oder reagieren nicht.

Ann Head hat ihrem weißen Kater *Arthur* beigebracht, sich das Futter mit der Pfote aus der Büchse zu holen. Sie hatte sich für das Tier entschieden, weil es ein angenehmes Temperament hatte und gerne mit ihr interagierte. Beim Training versucht sie, alles aus der Sicht ihrer Katze zu sehen. „Es kommt im Wesentlichen auf Geduld an; ich erreiche alles nur mit Freundlichkeit“, erläutert sie, „man kann eine Katze zu nichts zwingen.“ Man braucht eben ein gutes Verhältnis zur Katze und Spaß an der Arbeit.

Darf man Katzen bestrafen?

Hunde lassen sich relativ leicht dressieren. Sofern man einige grundlegende Regeln beachtet, hat man bei Hunden sogar mit Drohungen und Bestrafung Erfolg. Hunde lernen fast immer, gleichgültig welche Methoden wir anwenden – oder eben nicht anwenden. Was könnte als Lernklima ungeeigneter sein als eine Gruppe anderer Hunde und ein fremder Mensch, der ihnen Kommandos gibt, wie dies in vielen Hundeschulen üblich ist? Obwohl der Hund lernt, die Kommandos vor Ort zu befolgen, bringt er sie nicht mit seinem täglichen Leben in Verbindung und fährt zu Hause mit seinem alten Verhalten fort. Die Hundedressur kann daher nicht als Vorbild dienen. Eine Katze würde ohnehin nicht gehorchen, sondern aufspringen und verschwinden.

Bestrafung ist weit mehr als nur das Gegenteil von Belohnung. Während eine Belohnung die natürliche Reaktion des Tieres verstärkt, lässt sich ein unerwünschtes Verhalten mit einer Bestrafung keineswegs unterdrücken. Daher sind die Auswirkungen von Strafen sehr schwer abzuschätzen, insbesondere bei Katzen. Katzen sind noch nicht einmal in der Lage, die Strafe mit ihrem Fehlverhalten zu assoziieren – vielleicht werden sie geschüttelt, weil sie eine Maus ins Haus gebracht oder etwas vom Tisch gestohlen haben – sondern erleben diesen „Angriff" als willkürlich und wie aus heiterem Himmel. Die Konsequenz wird sein, dass sie versuchen, Sie zu meiden, um solchem unerwarteten Ärger aus dem Weg zu gehen.

Die Methode der „Höheren Gewalt"

Es gibt Situationen, in denen wir unsere Katzen davon abhalten wollen, etwas Bestimmtes zu tun, z.B. in den Geschirrschrank oder auf den Esstisch zu springen oder, wie meine Katze, sich an einem frisch gestrichenen Fenster zu reiben, das nun eine haarige Stelle hat. Bei einmaligen Verfehlungen, wie etwa dem Fenster, das normalerweise nicht tabu ist, reicht ein scharfes Geräusch. Die Katze wird innehalten und kann auf den Arm genommen werden. Besonders effektiv in dieser Hinsicht ist ein *ssss*-Laut, der zum Lautrepertoire der Katzen gehört. Damit reagieren sie selbst auf Überraschungen oder versuchen, Konkurrenten zu verscheuchen. Katzen lernen sehr schnell, dass sie ihre Handlungen einstellen müssen, wenn sie den *ssss*-Laut hören – sofern Sie ihn selten und gezielt einsetzen und die Katze sofort hochnehmen, bevor sie mit dem unerwünschten Verhalten beginnt. Wenn Sie statt dessen laut werden oder Ihre Katze physisch bestrafen, wird sich das Tier nur vor Ihnen fürchten.

Geht es jedoch um ein langfristiges Problem, etwa weil Ihre Katze gerne auf die Kochplatten des Herdes springt und sich dabei verbrennen könnte, sollten Sie das Mittel der „höheren Gewalt" einsetzen. Die Katze muss lernen, ein bestimmtes Verhalten mit einer unangenehmen (nicht schmerzhaften oder gefährlichen) Erinnerung zu verbinden. Es kommt allerdings wesentlich darauf an, dass die Katze diese „höhere Gewalt" nicht mit Ihnen in Verbindung bringt. Jedes Mal, wenn sie auf den Herd springt, wird sie mit Wasser besprüht oder hört ein lautes Geräusch – so lange bis sie diesen Schrecken mit dem Sprung auf den Herd assoziiert. Den gleichen Effekt hat ein Stapel leerer Konservendosen, der immer dann zusammenstürzt, wenn die Katze auf die Arbeitsplatte der Küche springt. Mit ein wenig Glück wird Ihre Katze in Zukunft den unangenehmen Ort meiden. Die „Bestrafung" gleicht mehr einer Abschreckung und wird keinesfalls mit dem Katzenbesitzer in Verbindung gebracht. Er steht zur Verfügung, wenn die Katze nach dem Schock mit der bösen Kochplatte jemanden zur Beruhigung und Bestärkung sucht.

Solche Lernprozesse laufen ähnlich ab wie in der Wildnis, wo eine Katze aus der Erfahrung lernen muss, wie sie Gefahren vermeidet. Sobald eine Katze gelernt hat, dass ihr jedes Mal ein Terrier entgegen stürzt, wenn sie eine bestimmte Gartentür passiert, wird sie an dieser Stelle nie wieder nachlässig, sondern stets aufmerksam und zur sofortigen Flucht bereit sein. In der Regel reicht eine einzige schlechte Erfahrung aus, damit eine Katze solche Stellen entweder meidet oder doch zumindest sorgfältig nachsieht, ob der kleine Hund mit den großen Zähnen im Garten ist. Kätzchen machen solche Erfahrungen jeden Tag. Vor allem wenn sie in der Wildnis aufwachsen, müssen sie lernen, die täglichen Gefahren zu erkennen, zu meiden oder mit ihnen umzugehen.

Wer dressiert wen?

Vermutlich sind wir kaum in der Lage, abzuschätzen, wie stark wir selbst von unseren Katzen „dressiert“ werden. Katzen benutzen nicht die Mittel der Dominanz oder Bestrafung, sondern halten geduldig so lange durch, bis wir tun, was sie möchten. So bittet eine Katze, die ihren Besitzer um sechs Uhr morgens durch Kratzen an der Tür weckt, eindeutig um Aufmerksamkeit. Vielleicht wird der Besitzer zunächst schimpfen und rufen, aber letztlich wird er aufstehen und die Katze ins Zimmer lassen. Die „Belohnung“ für die Katze ist ein warmes Bett und Zuwendung – selbst wenn der Besitzer zunächst noch schlecht gelaunt ist. Die Katze hat ihren Besitzer „dressiert“ und belohnt ihn mit einem warmen, schnurrenden Körper und einem leisen Miau. Das gleiche gilt für nach Futter bettelnde, am Fenster rüttelnde oder an der Haustür kratzende Katzen – sie alle haben Wünsche und trainieren uns, sie möglichst promt zu erfüllen.

Während Katzen ihre Gefühle über die Körpersprache recht eindeutig vermitteln können, benutzen wir Menschen vorwiegend Worte und sind daher nur selten in der Lage, die Körpersprache unserer eigenen Art zu verstehen. Daher wären die meisten Katzenbesitzer gerne wie Dr. Dolittle, der mit den Tieren reden konnte. Allerdings ist es möglich, eine Katze durch Futter und Zuwendung dazu zu bringen, mit uns zu „reden“. Wenn wir unsere Katze mit der „Katzenstimme“ ansprechen (es ist kein Geheimnis, dass jeder mit seinen Haustieren in anderem Tonfall redet als mit Menschen), weiß sie, dass sie gemeint ist. Nun kommt es nur noch darauf an, sie zum „Reden“ zu bringen. Sie muss merken, dass sie ihren Futternapf erst dann bekommt, wenn sie einen Laut von sich gegeben hat. Halten Sie den gefüllten Futternapf in der Hand und stellen Sie ihn sofort auf den Boden, sobald die Katze etwas „gesagt“ hat. Auf diese Weise assoziiert die Katze das Futter mit dem „Reden“. Natürlich dürfen Sie die Katze zur Belohnung auch streicheln. An einem Training dieser Art sind beide Parteien beteiligt.

Die Katze lernt zwar, was wir uns von ihr wünschen, kann das Gelernte – ihr „Reden“ – nun aber auch ihrerseits einsetzen, um Dinge von uns zu erreichen. Katzen sind äußerst clever!

Ein ganz besonders Spielchen

Ein interessanter Bericht in der *Cat World* beschreibt Katzen, die ihren Besitzern Gegenstände apportierten, nicht nur zufällig und einmalig, sondern sie schienen dieses Spiel wie Hunde zu genießen. Wir dressieren Hunde darauf, vor allem Jagdhunde und andere Rassen, die gerne apportieren, uns Dinge zurückzubringen. Wenn sie den Gegenstand vor uns abgelegt haben, können wir ihn erneut werfen. Katzen bringen Beute in ihr Lager zurück, d.h. auch in ihrem Verhaltensrepertoire ist das Apportieren enthalten. Dennoch sind Apportierspiele bei Katzen sehr ungewöhnlich. Vielfach schien es so zu sein, dass nicht die Besitzer ihren Katzen dieses Spiel beibrachten, sondern dass sie von ihren Katzen dazu animiert wurden. So schrieb eine Dame: „Schon als Kätzchen wollte er gerne apportieren. Er fand ein Stück zusammengerolltes Papier, etwa von der Größe einer Zigarette und brachte es zu mir. Ich sah ihm an, dass er spielen wollte, also warf ich das Papier wieder weg. Er brachte es zurück und es entspann sich ein herrliches Spiel. Sein Papier liegt in einer Schale bereit und wenn er Lust dazu hat, bringt er es zu mir. Dieses Stück Papier ist sein ein und alles, er bringt es mir zurück, wohin ich es auch werfe.“

Die in dem Bericht beschriebenen Katzen schienen von diesem Spiel besessen zu sein. Obwohl sie stundenlang spielen konnte, blieb ihre Motivation unklar und wie sie es gelernt hatten. Aus den Briefen lies sich entnehmen, dass manche jungen Kätzchen dieses Spiel einer älteren Katze im Haus abschauten und es so lernten. Allerdings übernahm in vielen Fällen nur eine aus dem Wurf das Spiel, während die anderen es allenfalls gelangweilt zur Kenntnis nahmen. Die Katzenbesitzer genossen dieses Spiel ebenfalls, obwohl es für ihre Vorstellungen zu lange andauerte. So schrieb ein müder Katzenbesitzer: „Sobald ich von der Arbeit nach Hause komme und mich hinsetze, taucht meine Katze auf und wirft mir Spielzeuge in den Schoß. Dann wartet sie gespannt darauf, bis ich sie in den Raum werfe und rennt ihnen mit Begeisterung hinterher, als ob ihr Leben von diesem Apportierspielchen abhinge. Ich gebe gerne zu, dass dieses Spiel nach einer Stunde etwas nervt, aber es fällt mir schwer, das ihr offensichtlich wichtige Spiel einfach zu unterbrechen."

Andere Katzenbesitzer hatten ihre Katzen ähnlich wie Hunde dressiert (in einem Fall handelte es sich um eine frustrierte Hundebesitzerin, die ihre Siamkatze wie einen Hund behandelte), in anderen Fällen waren Katzen zusammen mit Hunden aufgewachsen. Eine der Katzen war sogar von einer Colliehündin aufgezogen worden, die sich von einer Scheinschwangerschaft erholte. Sie hatte dem Kätzchen sogar beigebracht, wie man heult!

Apportiert wurden Bälle, zerknülltes Papier, Spielzeuge, Gürtel, Schnur und Schnürsenkel. Eine Katze mit Namen *Bono* geriet in Verzückung, wenn sie hörte, wie über ihr Lieblingsspielzeug gekratzt wurde – ein mit Kunststoff überzogener Lockenwickler. Der Katzenbesitzer saß in einer Ecke des Raumes und warf den Lockenwickler, während *Bono* sich in der Mitte des Zimmers platzierte und den Lockenwickler aus der Luft fing. *Bonos* Interesse an den Lockenwicklern hörte allerdings auf, als er Blindschleichen entdeckte und sie durchs ganze Haus schleppte! Eine andere Katze gewöhnte sich das Apportieren von Papier und anderem Material ab, als sie entdeckte, dass Spielsteine von einem Brettspiel viel effektiver wirkten – vor allem, wenn die Besitzer gerade damit spielten. Solche Katzenspiele verlangen die volle Aufmerksamkeit ihrer Besitzer und das ist wohl auch der Grund, warum Katzen diese Art Spiele so lieben. Wenn sie lernen, wie man ein solches Spiel in Gang setzt und beibehält, können sie viele Aspekte ihres Jagdverhaltens ausleben und haben dennoch die volle Aufmerksamkeit und den Schutz ihres Besitzers. Solange das Spiel läuft, wird es vollständig von der Katze kontrolliert. Wer also wagt noch zu behaupten, dass Katzen träge und nicht intelligent sind, und nie das tun, was man von ihnen verlangt? In der Regel ist es einfach die Katze, die bestimmt.

▸ TIPPS: So erziehen Sie ihre Katze

Seien Sie konsequent, geduldig und gehen Sie langsam vor. Katzen dürfen niemals das Gefühl bekommen, zu „versagen".

▸ Belohnen Sie regelmäßig und sofort.

▸ Füttern Sie niemals große Mengen, wenn Sie das Futter als Belohnung einsetzen. Die Katze wird es für eine Mahlzeit und nicht für eine Belohnung halten. Suchen Sie nach wirklichen Leckerbissen, die ihre Katze aber nicht so gierig machen dürfen, dass sie sich nicht mehr auf das Training konzentriert.

▸ Belohnen Sie die Katze nur dann, wenn sie genau das macht, was Sie erwartet haben. Zerlegen Sie die Aufgabe in kleine Schritte. Für die Katze muss die Belohnung unmittelbar nach dem erwünschten Verhalten kommen.

▸ Bestrafen Sie niemals; die Katze würde sich fürchten und noch langsamer lernen.

▸ Benutzen sie Abschreckungstechniken oder die Methode der „höheren Gewalt" (umstürzende Konservendosen, feiner Wasserstrahl), wenn Sie Ihre Katze von etwas bestimmtem auf Dauer abhalten möchten, z.B. daran, auf Oberflächen zu springen.

▸ Bleiben Sie liebevoll und zuversichtlich; vermeiden Sie Gesten, die Ihre Katze erschrecken könnten.

▸ Beginnen Sie die Erziehung schon bei kleinen Kätzchen; sie interessieren sich für alles und sind sehr lernfähig.

Von A bis Z: Rat und Tat vom Katzenflüsterer

Aggression

Jeder Katzenbesitzer kennt die gelegentlichen aggressiven Ausbrüche seiner Katze. Wenn sie nicht durch extreme Anspannung während eines Spiels verursacht werden, richten sie sich zum Glück nur selten gegen uns. Natürlich hat Mutter Natur die Katzen mit wirkungsvollen Waffen ausgestattet – vorn und an allen vier Ecken – aber sie werden vor allem als tödliche Hilfsmittel während der Jagd eingesetzt. Was also bedeutet diese Aggression? Sie kommt nicht nur dann zum Tragen, wenn das Tier für sein Überleben jagen und töten muss, sondern unter anderem auch in sozialen Konflikten, wie etwa Revierkämpfen, Streit ums Futter oder zur Verteidigung. Aggression ist ein feindlicher Akt, der auf physischen Schaden zielt.

Aggression gegen Menschen

Aggression gegen Menschen ist relativ selten, doch viele Katzenbesitzer kennen vermutlich das typische Syndrom des „Streicheln-und-Beißen". Es kommt bei vielen Katzen vor; bei einigen schon nach sehr kurzer Zeit, andere greifen die zärtlich streichelnde Hand erst nach längerer Zeit an. Während sie gestreichelt wird, fühlt sich die Katze vermutlich in ihre Kätzchenzeit versetzt, als sie von ihrer Mutter umsorgt wurde: Sie entspannt sich, genießt Sicherheit und Zuwendung. Plötzlich jedoch gewinnen die Instinkte der erwachsenen Katze überhand und das Tier fühlt sich äußerst verletzlich. Dann brechen die Aggressionen aus, die Katze beißt, tritt gelegentlich und springt üblicherweise vom Schoß. Sie läuft einige Schritte, bis sie eine sichere Fluchtdistanz erreicht hat und beginnt sich zu putzen, um sich zu beruhigen und der verwirrenden Situation Herr zu werden.

Solche Situationen bekommt man nur in den Griff, wenn man diese Phasen der Unsicherheit rechtzeitig erkennt und mit dem Streicheln aufhört, ehe der Konflikt aufbricht. Sie können die Streichelphasen nach und nach länger gestalten, wenn Sie darauf achten, Ihre Katze nicht an sensiblen Bereichen zu berühren (Hinterteil, Hinterbeine); bei manchen Katzen zahlt es sich aus, zunächst nur Kopf und Rücken zu streicheln.

Im Kapitel „Die Persönlichkeit der Katze“ habe ich ausgeführt, dass es vermutlich zwei unterschiedliche Katzen-Charaktere gibt – einer ist sozialen Kontakten sehr aufgeschlossen und geht freundlich mit Menschen um; der andere ist auf soziale Konkurrenz bedacht, jagt gerne und braucht seltener freundlichen sozialen Kontakt. Der zweite Typ akzeptiert solche Kontakte nur dann, wenn sie von ihm ausgehen. Gehen sie vom Menschen aus, kann er sich verweigern oder sogar aggressiv reagieren. Allerdings ist die spontane Aggression gegen Menschen bei beiden Charakteren zum Glück eher selten.

Aggression zwischen Katzen

Katzen sind zwar nicht so stark auf die Einhaltung sozialer Rangordnungen angewiesen wie Hunde, reagieren aber ähnlich aggressiv, wenn Konflikte um den Revierbesitz ausbrechen. Dringt ein Rivale in den Garten ein, der mit Starren und Fauchen droht, oder kommt es innerhalb der häuslichen Katzengruppe zum Streit um Schlafplatz oder Futter, löst dies Aggressionen aus. Das soziale System der Katzen ist sehr flexibel und kann stark variieren. Manche leben gerne in einer Gruppe, andere vertragen keine andere Katze neben sich. Zum Glück arrangieren sich die meisten Katzen mit einem oder zwei Hausgenossen zu einem lockeren sozialen System, das durch Körpersprache und gelegentliche Kämpfe stabil gehalten wird – dabei akzeptiert die einzelne Katze ihren Platz in der Rangordnung.

Manchmal scheint dieses Übereinkommen jedoch ohne ersichtlichen Grund zu scheitern. Sofern die beiden Katzen vorher gut miteinander auskamen, bestehen bessere Chancen, dass sie sich wieder beruhigen, als wenn sie sich vorher nur tolerierten. Katzen brauchen – anderes als Hunde – nicht die Sicherheit einer sozialen Gruppe. Wenn sie sich daher entschieden haben, alleine zu bleiben, kann es schwierig werden, sie umzustimmen. Dann sollten Sie versuchen, Ihre Katzen häufiger und mit kleineren Portionen zu füttern. Füttern Sie in getrennten Näpfen, die Sie langsam immer näher zusammen rücken. Die Fütterung bietet eine gute Möglichkeit, die Streithähne davon zu überzeugen, dass sie sich einen Raum bzw. ein Revier teilen müssen. Allerdings sind viel Zeit und Sorgfalt nötig, um dieses Ziel zu erreichen.

In Haushalten, in denen sich die Katzen nur tolerieren, kommt es meist dann zu Problemen, wenn ein neues Mitglied hinzukommt, oder eine Jungkatze alt genug wird, um zum Konkurrenten zu werden. Wie es weitergeht, hängt vom Charakter Ihrer Katzen ab und von den Erfahrungen, die sie mit dem Zusammenleben mit anderen Katzen gemacht haben, von ihrem sexuellen Status und der Rangordnung. Ich möchte Ihnen das Beispiel einer fünfjährigen Sealpoint-Siamkatze (sie war zum Zeitpunkt der Geschichte sterilisiert) und ihres dreieinhalbjährigen, kastrierten Sohnes schildern. Die beiden hatten nie miteinander gekämpft, sondern harmonisch zusammen gespielt, geschlafen und gefressen ... bis der Sohn seiner Mutter aus Versehen auf den Schwanz trat. Sie schrie natürlich vor Schmerz auf und griff ihren Sohn heftig an. Er war völlig perplex, erschrocken und obwohl die beiden sofort getrennt wurden und die Besitzer den Katzen einige Stunden Zeit gaben, sich zu beruhigen, griff das Weibchen ihren Sohn jedes Mal an, wenn sie ihn sah. Ein einziges traumatisches Ereignis hatte ihre sozialen Beziehungen vollständig zerstört.

In einem ähnlichen Fall ging es um zwei kastrierte Burma-Kater, die gewöhnlich ausschließlich in der Wohnung lebten. Nachdem der eine der beiden ausgerissen war und zwei Tage im Freien gelebt hatte, war ihre soziale Bindung völlig zerstört. Vielleicht war der Heimkehrer als „fremd“ eingeschätzt worden oder er hatte einen völlig anderen als den vertrauten Duft angenommen. In anderen Fällen wurde die aggressiven Tendenzen durch bestimmte Geräusche ausgelöst, meist durch hohe Töne bestimmter Frequenz.

Es gibt weder eine einfache noch schnelle Lösung, kämpfende Katzen zu befrieden. Die besten Erfolge erzielt man mit Käfigen: Zuerst kommt der Aggressor in den Käfig, während sich das Opfer frei bewegen darf und sich nach und nach an den Gegner gewöhnt, vor dem es sich fürchtet. Dass die beiden einen Raum teilen, ist der erste Schritt der Gewöhnung. Sobald sich das Opfer beruhigt hat, werden die Rollen vertauscht. Der Aggressor kann nun nicht mehr angreifen, da die schwächere Katze durch den Käfig geschützt wird. Der Sinn dieser Maßnahme besteht darin, den Kreis aus Aggression und Furcht zu durchbrechen und den beiden klar zu machen, dass es sich lohnt, friedlich dasselbe Revier zu teilen. Die Katzen lernen, sich gegenseitig zu tolerieren. Vorsichtiges Schnuppern durch die Käfigstäbe könnte die ehemaligen Freunde einander wieder näher bringen. Fördern Sie die Annäherung, indem Sie beide Katzen mit einer Lösung aus Katzenminze bürsten, sodass sie einen gemeinsamen Geruch haben und sich gegenseitig anziehender finden (allerdings reagieren nicht alle Katzen auf diesen Duft).

Sobald sich die beiden Katzen wieder tolerieren, können Sie die Annäherung weiter forcieren: Um die beiden einander noch näher zu bringen, werden sie häufiger mit kleinen Portionen und zur selben Zeit gefüttert. Dabei erhält eine Katze ihre Mahlzeiten im Käfig, die andere draußen. Nahrung kann hungrige Katzen sehr gut von ihren Aggressionen ablenken. Schließlich dürfen sich die beiden auch ohne trennenden Käfig wieder begegnen – vielleicht zunächst mit Geschirr und Leine. Auf jeden Fall wird es lange dauern, bis sie sich wieder frei treffen dürfen, und auch dies in den ersten Wochen nur unter Beobachtung. Arrangieren Sie kurze aber häufige Begegnungen; die beiden müssen zunächst ihr Begrüßungsritual wieder festigen, verschieben Sie längere Kontakte auf eine spätere Zeit. Gleichgültig welchen Charakter Ihre Katzen auch haben, es dauert viel länger, die gestörte Beziehung zwischen zwei ehemals befreundeten Katzen wieder zu kitten, als eine völlig neue Katze in den Haushalt einzuführen. Wie bei Menschen oder Hunden gibt es allerdings keine Patentrezepte, um zerstörte Beziehungen wieder zu reparieren – handeln Sie jeweils so, wie Sie es für vernünftig halten und investieren Sie viel Zeit und Geduld. Sollten alle Bemühungen fehlschlagen, suchen Sie lieber für einen der beiden Streithähne ein neues Zuhause – das ist besser für alle Beteiligten.

Angst vor Haushaltsgeräten

Viele Katzen und Hunde fürchten sich vor elektrischen Haushaltsgeräten, denn aus ihrer Sicht ist ein Staubsauger ein ziemlich erschreckendes Gerät. Das laute Geräusch und die plötzlichen Bewegungen, dazu die Bewegungen und Gerüche, die beim sonstigen Putzen der Wohnung auftreten können einen nervösen Charakter durchaus beunruhigen. Am besten gewöhnt man auch hier die Katze durch gezielte Behandlung daran, dass ihr von dieser Tätigkeit keinerlei Gefahr droht.

Babys

Viele Menschen denken bei Katzen und Babys sofort daran, dass sich Katzen auf das Gesicht schlafender Babys legen und sie ersticken könnten. In der Tat schaffen viele werdende Eltern ihre Katze ab, während andere auf eine Katze verzichten, um bloß kein Risiko für ihre kleinen Kinder einzugehen. Diese Entscheidung ist bedauerlich, denn es gibt andere Eltern mit Babys, die sehr wohl von einer Katze in der Familie profitieren. Natürlich kommt es hin und wieder vor, dass eine Katze den neuen, warmen Platz entdeckt und sich neben dem Baby zur Ruhe legt, aber es besteht keinerlei Risiko, so lange sich die Eltern an die goldene Regel halten, die für Hunde wie für Katzen gilt: Lassen Sie Ihr Kind niemals mit einem frei laufenden Haustier allein oder allein an einem Ort, zu dem ein solches Tier Zugang hat (Katzenklappe, offenes Fenster usw.).

Diese Regel gilt sowohl für Neugeborene, wie für Krabbelkinder, wie für Kleinkinder – eigentlich gilt sie für Kinder bis zum Alter von sechs bis acht Jahren. In diesem Alter verstehen sie, wann sie sich einem Haustier nähern dürfen, wie sie damit umgehen und wie sie es freundlich wegschicken können. Während die Regel ursprünglich dazu dient, das hilflose Kind zu schützen, garantiert sie später eher die Sicherheit des Haustieres.

Im Idealfall sollte man abwarten, bis die Familie komplett ist und erst dann eine Katze anschaffen. Diese Katze wird mit allen Familienmitgliedern gleichermaßen zurecht kommen – mit Erwachsenen, Babys und Kindern. Sie wird die Mitglieder des Haushaltes als gegeben akzeptieren und nicht wie eine ältere Katze über den lauten, unberechenbaren Neuzugang erstaunt sein. Da man jedoch Babys nicht immer vorplanen kann (Katzen übrigens auch nicht), ist es wichtig zu wissen, wie man mit der Katze umgeht, wenn ein Baby ins Haus kommt.

Achten Sie darauf, dass sich Katze und Baby so früh wie möglich kennen lernen. Stellen Sie Ihrer Katze das Baby unter kontrollierten Bedingungen vor. Halten Sie die Katze sicher fest und lassen Sie sie an Ihrem Baby und all den neuen Dingen schnuppern, die mit ihm ins Haus gekommen sind: schmutzige Windeln, Stapel neuer Windeln, Kinderwagen, Kinderbett, Wischtücher, Spielzeuge sind auch für die Katze neu. Sie müssen ihr erlauben, diese Dinge zu erkunden und festzustellen, dass weder sie noch das Baby eine Gefahr bedeuten.

Eltern sollten darauf achten, dass die Katze das Baby nicht als Konkurrenz empfindet. Die meisten Katzen sind damit zufrieden, wenn sie weiterhin aufmerksam behandelt und nur zu bestimmten Zeiten zurückgewiesen werden. Etwas schwieriger sind Siamkatzen und Burmesen, die mehr Zuwendung beanspruchen; sie könnten ein Baby durchaus als Konkurrenten um die Zuneigung ansehen. Hier kommt es darauf an, die Forderungen der Katzen bereits während der Schwangerschaft etwas zu dämpfen, damit sie sich daran gewöhnen, nicht jeden Wunsch erfüllt zu bekommen. Kommt dann das Baby ins Haus, fällt ihnen der Übergang weniger schwer. Sie haben bereits gelernt, dass die Zuwendungen vom Menschen ausgehen (dieses geänderte Verhalten muss für alle Familienmitglieder gelten, nicht nur für die Mutter). Die Katze bekommt auch mit Baby im Haus die erwünschte Zuwendung, allerdings immer erst nachdem das Baby umsorgt wurde. Also wird die Katze das Baby als eine Art Vorspiel für die eigene Zuwendung ansehen und begreifen, dass sie immer erst nach dem Baby kommt. Natürlich müssen Katze und Baby zu unterschiedlichen Zeit gefüttert werden, denn eine Katze, die aufgeregt auf ihr Futter wartet und zusehen muss, wie das Baby gefüttert wird – Nahrung ist Nahrung – könnte durchaus gefährlich sein, ganz abgesehen von hygienischen Aspekten. Wenn sich diese Ratschläge ein wenig so anhören, als seien sie auf einen Hund zugeschnitten, dann ist das durchaus korrekt. Viele Katzen, die mit einem Baby um die Zuwendung der Familie konkurrieren müssen, verhalten sich besser, wenn man sie – sehr freundlich natürlich – wie einen Hund behandelt.

Als Reaktion könnte die Katze damit beginnen, in der Wohnung Urinmarken zu setzen, wie *Bullet* bei unserem Baby. Nachdem er zweimal vor unseren Augen die Babydecke markiert hatte, schien er sich jedoch an das Baby gewöhnt zu haben und kehrte zu seiner üblichen undurchschaubaren Lebensweise zurück. Geraten Sie also nicht in Panik; bestätigen Sie Ihre Katze und gestehen Sie ihr eine Gewöhnungszeit zu – die meisten finden sich gut mit einem neuen Familienmitglied ab. Andere Katzen kümmern sich gar nicht mehr um das Baby, sobald sie ihre anfängliche Neugier befriedigt haben. Viel größere Probleme könnten jedoch auftreten, wenn das Baby zu krabbeln beginnt. Plötzlich werden alle sicheren Verstecke und Ruheplätze unter dem Schrank, auf dem Stuhl unter dem Esstisch oder das sonnige Plätzchen vor dem Flurfenster regelmäßig von einem brabbelnden Eindringling gestört. Viele Katzen gewöhnen sich daran, auf höhere und damit sichere Plätze auszuweichen, vielleicht auf ein Fensterbrett oder eine Kommode. Achten Sie unbedingt darauf, der Katze in jedem Raum einen kindersicheren Platz zu schaffen; vor allem der warme, gesicherte Schlafplatz muss vollständig außerhalb der Reichweite des Kindes liegen. In dieser Phase der kindlichen Entwicklung sollten die Eltern ihrem Kind die Hand führen und ihm zeigen, wie es die Katze vorsichtig berühren und streicheln kann. Durch kurze, regelmäßige Kontakte gewöhnt sich ein Krabbelkind daran, vorsichtig mit der Katze umzugehen. Andererseits lernt die Katze, dass auch das Kind das Recht hat, sie unter Aufsicht zu berühren und dabei immer sicherer wird.

Vor allem in dieser Phase ist die Hygiene äußerst wichtig, denn die neugierigen Finger eines Krabbelkindes machen auch vor dem Katzenklo nicht Halt. Abgedeckte Katzenklos, die auf einem Tisch stehen, werden den Erkundungsdrang hemmen. Noch besser wäre jedoch, das Katzenklo in die Küche zu stellen und dem Kind nicht zu erlauben, dort herumzukrabbeln. Niemals ist es wichtiger, die Katze regelmäßig zu entwurmen und das Kind zu waschen!

Denken Sie auch an ein weiteres Sicherheitsrisiko: Kleine, pelzige Katzenspielzeuge oder ein Kletterbalken, der umfallen könnte, stellen für Krabbelkinder gefährliche Objekte dar. Achten Sie darauf, sie aus dem Weg zu räumen, sobald das Kind auf Entdeckungsreise geht.

Wenn das Baby heranwächst und seine Schritte sicherer werden, wandelt es sich in den Augen der Katze immer mehr zum Erwachsenen und wird entsprechend behandelt. In diesem Alter verlieren auch die „bodennahen“ Gefahren wie das Katzenklo ihren Reiz für das Kind, das nun eher an kopfhohen Objekten interessiert ist. Entsprechend braucht die Katze noch höhere Rückzugsorte. Wenn das Kind jedoch soweit ist, die Katze auf dem Fensterbrett zu erreichen, ist gewöhnlich auch seine Verantwortung gewachsen. Es weiß inzwischen, was es sich bei der Katze erlauben darf und was besser nicht, und wird den Anweisungen seiner Mutter gehorchen, wenn sich die Katze bedroht fühlt.

Nun sollte das Kind auch lernen, wie man eine Katze sicher anhebt und sie dabei richtig stützt – auch hier sind häufigere, kürzere Kontakte besser als ausgiebiges Herumtragen. In dieser Zeit darf das Kind damit beginnen, Verantwortung für die Katze zu übernehmen, etwa indem es seiner Mutter hilft, die Katze zu füttern. Durch die helfende Begleitung der Eltern lernt das Kind nicht nur, wie es auf die Katze reagieren muss, er erkennt auch die Körpersprache der Katze, ihre Stimmung und später auch ihre Bedürfnisse. Auf diese Weise wächst das Kind als Katzenliebhaber der nächsten Generation heran.

Betteln um Aufmerksamkeit

Einige Katzen strapazieren unsere Nerven aufs Äußerste, weil sie ständig ihre Meinung ändern, oder einen Wunsch nach dem anderen haben. Erst wollen sie ins Freie und in der nächsten Minuten schon wieder zurück. Zwar mag es vorkommen, dass sich eine Katze im Freien tatsächlich nicht wohl fühlt, aber meistens deutet dieses Verhalten darauf hin, dass die Katze gelernt hat, ihren Besitzer zu rufen, weil er sich um sie kümmert, Körperkontakt herstellt und sie vielleicht sogar streichelt. Aus der Sicht der Katze ist es viel besser, wenn der Besitzer ständig präsent ist. Sie ist nicht allein, er kann ihre Konflikte lösen (ins Freie oder ins Haus) und er kann sie beruhigen, wenn sie besorgt ist. Vor allem nachts fühlen sich Katzen oft bedroht; wenn sie ihrem Menschen jedoch beigebracht haben, auf den kleinsten Ruf zu folgen, brauchen sie sich nie mehr zu fürchten! Wenn Sie den Lärm verständlicherweise nicht mehr aushalten können, müssen Sie ihrer Katze beibringen, dass Rufen zu keinem Erfolg führt. Halten Sie den Lärm aus, nehmen Sie einen guten Schlummertrunk und hoffen Sie darauf, durchschlafen zu können. Alternativ könnten Sie der Katze natürlich erlauben, in Ihrem Schlafzimmer zu schlafen, aber dann wird sie vermutlich dafür sorgen, dass Sie nachts wach sind, oder wenigstens rechtzeitig aufstehen, um ihr ein Frühstück zu servieren.

Erwachsen werden

Wir lieben unsere Kätzchen so lange sie jung sind – wohl niemand kann sich dem Charme ihrer Eskapaden entziehen. Aber Kätzchen wachsen schnell und wenn sie sechs bis acht Wochen alt sind, entsprechen sie einem 18 Monate alten Kind. An ihrem ersten Geburtstag haben sie die Reife eines 15 Jahre alten Menschen erreicht. Dieser Vergleich ist durchaus sinnvoll, denn spätestens zu dieser Zeit sind die meisten Katzen geschlechtsreif und können Junge bekommen, sofern sie nicht sterilisiert wurden.

Im Alter von zwei Jahren entsprechen sie einem 24 Jahre alten Menschen und von da an werden sie Jahr für Jahr etwa vier Menschenjahre älter. Da Katzen durchschnittlich zwölf Jahre lang leben, erreichen sie ein Menschenalter von 64 Jahren, viele Katzen bringen es sogar auf 20 Jahre, also 96 Menschenjahre. Diese Berechnung gilt heute als zuverlässiger als die frühere Abschätzung von einem Katzenjahr auf sieben Menschenjahre.

Fellpflege

Viele langhaarige Katzenrassen lassen sich nur ungern ihr Fell pflegen und lernen rasch, wie sie mit Hilfe der Krallen diesen ungeliebten Vorgang abbrechen können. Daher sollten bereits kleine Kätzchen an die regelmäßige Fellpflege gewöhnt werden. Als Besitzer einer Langhaarkatze brauchen Sie Geduld; machen Sie die Fellpflege zu einem angenehmen und lohnenden Zeitvertreib, statt sie in eine Schlacht ausarten zu lassen. Benutzen Sie einen Leckerbissen, dem Ihre Katze einfach nicht widerstehen kann (bei den meisten Katzen helfen Krabben!). Legen Sie ein winziges Stückchen auf Ihren Finger und füttern Sie die Katze. Während sie frisst und sich darauf konzentriert, bürsten Sie mit der anderen Hand vorsichtig das Fell. Nun gibt es wieder etwas Futter und ein wenig Fellpflege. Ist das Fell verfilzt, schneiden Sie die Haare mit einer abgerundeten Schere ab oder – falls der Schaden nicht zu groß ist – kämmen Sie die Verfilzung von oben nach unten vorsichtig aus. Ziehen Sie nicht an den Haaren, der Vorgang muss angenehm für die Katze bleiben. Gehen Sie immer langsam und geduldig vor. Machen Sie weiter, so lange sich die Katze noch für das Futter interessiert, und hören Sie auf, wenn Sie eine negative Reaktion bemerken. Unterbrechen Sie eine Weile und versuchen Sie es später erneut. Die Katze sollte die Zeit der Fellpflege mit Nahrung, Wärme, Lob und Aufmerksamkeit verbinden. Sind die Haare sehr stark verknotet, bleibt nur der Gang zum Tierarzt; er wird die betroffenen Stellen abschneiden oder rasieren. Fahren Sie zu Hause mit der Fellpflege und der Fütterung fort, selbst wenn die Katze keine Haare mehr haben sollte. Da nun die kritischen Stellen fehlen, geht das Bürsten viel leichter. Achten Sie darauf, dass die Katze die Bürste oder den Kamm (ideal ist ein Metallkamm mit weitem Zinkenabstand) sieht und sich bei seinem Anblick auf das Futter freut. Vorbeugung ist besser als Tierarzt!

Sollte bei Ihrer Katze keine Bemühung fruchten, fragen Sie im Fachhandel nach einem Katzenmaulkorb. Er gleicht mehr der traditionellen Haube der Falkner als einem Hundemaulkorb und besteht aus weichem Material. Katzen sind dann nicht so aktiv, legen sich flach hin und lassen sich eher kämmen.

Das umgekehrte Problem – Katzen, die ihr Fell zu enthusiastisch pflegen – ist sehr viel seltener, kommt aber bei nervösen Rassen wie den Siamesen häufiger vor. Allerdings leiden auch manche Straßenkatzen an diesem Syndrom. Katzen reinigen ihr Fell nicht nur, um es sauber und wasserdicht zu halten, sondern auch, wenn sie sich gestört fühlen oder aufgeregt sind. Dann können sie sogar

Haare ausreißen und die Haut schädigen. Vermutlich versetzen sie sich mit diesem Verhalten in eine stark entspannten Zustand. Manchmal beginnen anfällige Tiere diese intensive Fellpflege sogar dann, wenn gar kein äußerer Anlass vorliegt; offenbar ziehen sie die Entspannung einem Zustand der Langeweile vor. Bei anderen Katzen tritt das Verhalten sporadisch als Reaktion auf Stress auf, etwa wenn sie von ihrem Besitzer oder anderen Hauskatzen getrennt werden. Sollte die intensive Fellpflege chronisch werden, deutet dies darauf hin, dass die Katze mit dem Stress ihres normalen Lebens nicht mehr fertig wird; vielleicht versetzt sie die soziale Gruppe oder ihre übliche Umgebung in einen Dauerstress. Möglicherweise kommt sie auch mit einer anderen Hauskatze nicht zurecht, oder es sind zu viele Katzen im Haus. Um die Ursachen zu testen, kann man solche Katzen für eine oder zwei Wochen isolieren. In der ersten Zeit könnte sich das Verhalten noch verstärken, da die Trennungsängste hinzukommen, doch dann sollte sie ihr übertriebenes Putzverhalten einstellen. Nur wenn man die Gründe für den Stress kennt, kann man erfolgreich etwas dagegen unternehmen.

Fütterungsprobleme

Die Fütterungszeit gehört zu den Augenblicken, da Ihre Katze besonders aufmerksam ist. Man kann diese Zeit nutzen, ihr etwas beizubringen oder sie einfach nur füttern – auf jeden Fall knüpft die Fütterung das Band zwischen Ihnen und Ihrer Katze enger. Verhaltensforscher raten, vor allem neue oder junge Katzen zunächst weniger aber häufiger zu füttern. Rufen Sie jedes Mal die Katze und reagieren Sie auf ihre Bitten, gefüttert zu werden. Später dürfen Sie die Katze seltener füttern oder ihr das Futter zur freien Verfügung hinstellen.

Vielleicht ist Ihnen aufgefallen, wie sich die Pupillen einer Katze vor Aufregung und Erwartung weiten, während sie den Futternapf füllen. Vielleicht wird sie auch miauen, schnurren, den Schwanz um Ihr Bein wickeln oder sich an Ihnen reiben; genau so haben sie ihre Mutter ermuntert, die Beute abzugeben.

Katzen, die ihren Appetit verloren haben, sollten genau untersucht werden. Für dieses Symptom kann es viele Ursachen geben, von Krankheiten bis zu schlechten Zähnen. Achten Sie sorgfältig auf das Verhalten Ihrer Katze: Wenn sie voller Begeisterung auf ihr Futter wartet, doch dann nach einigen Bissen zu fressen aufhört, könnte sie Probleme mit den Zähnen oder dem Zahnfleisch haben. Der Schmerz ist dann so groß, dass sie lieber auf die Nahrung verzichtet. Tierärzte haben viele Möglichkeiten, Zähne zu behandeln; suchen Sie daher unbedingt einen Tierarzt auf. Vielleicht empfiehlt er auch eine spezielle Diät, um den Allgemeinzustand und damit die Gesundheit der Zähne zu verbessern.

Es ist wie bei den Menschen, heikle Katzen werden eher gemacht als geboren. Wenn Sie den Fehler machen, ständig dem Verlangen der Katze nach einem bestimmten Futter nachzugeben, statt ihr eine ausgewogene Diät anzubieten, dann werden Sie möglicherweise eine Katze bekommen, die beispielsweise nur Fisch und nicht anderes mehr frisst. Wenn Sie Ihre Katze auf ein neues Futter umstellen oder ihr ein bestimmtes Aroma abgewöhnen wollen, dann mischen Sie zunächst dem neuen einen Anteil alten Futters bei; erhöhen Sie mit der Zeit den Anteil des neuen Futters. Auf diese Weise gewöhnt sich die Katze an ihr neues Futter und ihr Verdauungssystem kann sich allmählich umstellen. Tierärzte gehen davon aus, dass Katzen spätestens nach drei Tagen mit dem neuen Futter einverstanden sind – behalten Sie also mindestens so lange die Geduld, wenn Sie ihre Katze auf eine gesündere Ernährung umstellen möchten.

Katzen können ihren Appetit auch nach Unfällen oder Verletzungen verlieren. Vor allem in solchen Fällen ist es wichtig, sie wieder an regelmäßiges Fressen zu gewöhnen, damit der Körper erstarkt, statt gespeicherte Vorräte anzugreifen. Erwärmen Sie das Futter etwas, damit es stärkere Düfte entwickelt und die Katze verlockt, davon zu probieren. Auch kleine Stücke warmer Leber entwickeln einen starken Duft und können die Katze wieder für das Futter interessieren. Sogar Babynahrung kann nach einer Operation nützlich sein: Es lässt sich leicht fressen und hat ein Appetit anregendes Aroma. Gehen Sie mit einer kranken Katze sehr vorsichtig und liebevoll um. Sprechen Sie mit ihr und ermuntern Sie die Katze, die Nahrung anzunehmen. Achten Sie darauf, verdorbenes Futter zu ersetzen – Katzen reagieren sehr sensibel auf den Geruch ranzigen Fetts und lehnen solches Futter ab.

Die meisten Menschen glauben, dass Katzen gerne Milch trinken oder sie gar brauchen, doch diese Meinung hält schon einer genaueren Überlegung kaum stand: Welches erwachsene Tier (außer uns) trinkt die Milch anderer Arten? Die meisten Tiere haben niemals Gelegenheit, Milch zu trinken, nachdem sie entwöhnt wurden. In den Mägen erwachsener Tiere fehlen daher die Enzyme, die Nährstoffe (Milchzucker) der Milch zu nutzen. Während einige Katzen keinerlei Probleme haben, wenn sie Milch trinken, kann die unverdaute Milch im Darm bei anderen zu Blähungen oder Durchfall führen. Daher empfehlen die meisten Tierärzte, Katzen keine Milch zu geben. Bei einer ausgewogenen Ernährung brauchen Katzen kein zusätzliches Kalzium, und Wasser ist grundsätzlich die beste Flüssigkeit.

Jaulen

In den letzten Jahren sind immer mehr Verhaltensanomalien älterer Katzen bekannt geworden. Vielleicht liegt dies daran, dass die Katzenhalter zunehmend die Dienste von professionellen Katzenpsychologen in Anspruch nehmen oder von ihren Tierärzten auf solche Hilfen aufmerksam gemacht werden. Sicher hat sich auch die Einstellung der Katzenbesitzer geändert – wir haben gelernt, das Verhalten unserer Katzen besser zu verstehen und legen mehr Wert auf die ganz spezielle Beziehung, die wir zu ihnen aufbauen.

Interessanterweise basieren diese Beziehungen auf Respekt, einer Eigenschaft, die mit zunehmendem Alter sowohl der Katze wie des Halters immer mehr an Bedeutung gewinnt. Im Vergleich mit der unbändigen Freude eines verspielten Kätzchens ist diese Beziehung tiefer und dauerhafter.

Im Unterschied zu jungen Katzen von sechs bis 18 Monate oder selbst erwachsenen Tieren von acht Jahren zeigen ältere Katzen deutlich seltener Verhaltensprobleme. Die Weisheit, die man älteren Menschen gewöhnlich nachsagt, erwerben offenbar auch ältere Katzen. Sie haben gelernt, wie man sich in einer Höhle mit Menschen verhält, wann man den Kontakt aufnimmt und wann besser nicht, und wissen, wie man dem Mensch zeigt was man möchte und was nicht. Außerdem kennen sie längst den sichersten Platz, an den sie sich für ein ungestörtes Schläfchen zurückziehen können. Tatsächlich werden ältere Katzen mit der Zeit immer pflegeleichter. Wenn Probleme auftreten, dann basieren sie zumeist auf dem kränker und schwächer gewordenen Körper oder darauf, dass alte Katzen noch mehr Gesellschaft und Bestätigung brauchen. Verhaltensprobleme jüngerer Katzen resultieren aus ihren Versuchen, sich mit dem Leben in einem Haushalt zu arrangieren, sich von Rückschlägen eines Trainingsprogramms zu erholen oder aus Nervosität, wenn sie die Konflikte mit anderen Katzen nicht lösen können. Sie markieren mit Urin, setzen Kothaufen oder kratzen ihre Krallenzeichen in die Möbel des Hauses. Alle diese Zeichen deuten darauf hin, dass sie unter einem sozialen Druck stehen, der durch andere Katzen im Haus, in der Umgebung oder durch eine ihnen unbekannte Macht in ihrem Revier verursacht wird – eine Macht, die Möbel verrückt, einen Hund oder andere Menschen ins Haus holt. Sie reagieren völlig verängstigt, weil sie nach dem Einbau einer Katzenklappe fürchten, dass sich ein Rivale in ihrem Bett, am Futternapf oder im Schoß ihres Besitzers tummelt.

Das vermutlich größte Problem alter Katzen ist, dass sie nächtens zu jaulen beginnen. Viele Katzenbesitzer kennen das Problem:

Die alte Katze ruft, um Aufmerksamkeit zu erregen und möchte gestreichelt werden – und das meist mitten in der Nacht. Viele Katzenbesitzer wachen nachts auf, weil ihre Katze klagend ruft. Beim ersten Mal springen sie noch aus dem Bett und schauen nach, was das viel geliebte Haustier hat – eine plötzliche Krankheit oder eine Altersschwäche. Doch dann finden sie ihre Katze direkt vor der Schlafzimmertür oder am Fuße der Treppe und sie sieht genauso gesund aus wie noch am Abend.

Meist stellt sich dann heraus, dass die Katze keine besonderen Wünsche hat, dass sie weder krank ist noch Hunger hat und auch nicht nach draußen möchte. Wenn sie gestreichelt wird und die beruhigende Stimme ihres Besitzers hört, kehrt sie zurück ins Körbchen und schläft weiter. Alles, was sie wollte, war etwas körperliche Berührung und Schutz in der einsamen Stille der Nacht, ehe sie sich wieder einkuschelt.

Für die Katze hat dieses Ereignis eine zweifache Bedeutung: Nach all den Jahren voller Unabhängigkeit und Reserviertheit, nach Zeiten, in denen ihr die Aufmerksamkeit ihres Besitzers vielleicht sogar zuviel wurde, musste die alternde Katze einsehen, wie sehr sie seine Gegenwart schätzt. Als sich die alte Katze einsam und etwas unsicher fühlte, kam der Mensch und alles wurde wieder gut. Nun kann sie, zumindest für eine Weile, alle wichtigen Entscheidungen ihm überlassen.

Die zweite, fast wichtigere Bedeutung ist jedoch, dass es die Katze geschafft hat, ihren Besitzer zu dressieren. Wie ein Pawlowscher Hund reagiert er nach allen Regeln eines cleveren Trainers genau so, wie es die Katze möchte. Mit nur einem einzigen Ruf kann sie den Menschen herbeiholen, zu jeder Tages- und Nachtzeit, und sich bei ihm wieder geborgen fühlen. Wenn sie also vor der nächsten Entscheidung steht – lege ich mich vor die Heizung oder in die Sonne? – ruft sie wieder. Sie weiß, der Mensch wird kommen und hilft ihr dabei, den besten Platz zu finden; vielleicht bereitet er sogar ein besonders bequemes Lager, krault sie etwas und legt sie dorthin, wo es gemütlich ist.

Das Alter hält ganz eigene Belohnungen für die alte Katze bereit, vor allem, wenn sie gelernt hat, ihre Stimme besonders effektiv einzusetzen, nun da sie nicht mehr locker auf den Schoß springen oder um die Beine streichen kann. Eine Lösung des nächtlichen Problems besteht darin, die Katze neben dem Bett schlafen zu lassen. So kann man sie beruhigen, ohne sein eignes Bett verlassen zu müssen. Andere benutzen ein Babyphon und sprechen aus der Entfernung mit ihrer Katze, wieder andere lassen das Radio an oder geben ihrer Katze eine Wärmedecke mit ins Körbchen – in einem extremen Fall ergänzte eine ältere Dame regelmäßig nachts das heiße Wasser in der Wärmeflasche ihrer Katze. Wieder andere bemühen sich, die Ohren zu versperren, den Kopf unter das Kissen zu legen und abzuwarten, bis die Katze wieder ruhig ist. Wenn sie gar nicht erst lernt, dass die Menschen auf die Rufe reagieren, so die Idee, dann hört sie vielleicht damit auf – allerdings können Katzen sehr ausdauernd sein.

Das Verhalten einer Katze ist von den Jahreszeiten, dem Wetter, den Wochentagen oder den Familienaktivitäten abhängig. Katzen, die einzelne Mahlzeiten bekommen, verhalten sich anders als solche, denen ständig Trockenfutter zur Verfügung steht und die sich frei bedienen können. Ältere Katzen schlafen häufig während der Zeiten, da sie früher draußen auf der Jagd waren, und passen ihren Lebensrhythmus stärker dem ihres Besitzers an. Selbst wenn sie nicht mehr so häufig aktiv mit ihm interagieren wie früher, sie brauchen ihn, weil er Sicherheit bietet, und weil er grundsätzlich für die ältere Katze zur Verfügung steht. Je älter das Tier wird, desto häufiger wird es sich bei jeder Störung oder Verwirrung dem Menschen zuwenden, auch wenn es einfach nur nachts aufwacht und sich allein fühlt.

Sollte sich also Ihre Katze zu einem nächtlichen Rufer entwickeln, dann könnte es an der Zeit sein, ihr Schlafkörbchen in das Schlafzimmer umzusiedeln, damit Sie sofort zur Verfügung stehen, wenn die Katze nachts aufwacht. Wenn Ihnen das nicht recht ist, sollten Sie versuchen, die Rufe so lange wie möglich zu ignorieren.

Wenn Sie aufstehen, belohnen Sie nur das fehlende Selbstvertrauen Ihrer Katze und zeigen ihr, dass sie selbst dann auf Sie zählen kann, wenn nichts passiert ist. Je häufiger solche Schreie erfolglos bleiben, desto länger behält Ihre Katze genügend Selbstvertrauen und Unabhängigkeit und wird auch wieder alleine einschlafen.

Kindliches Verhalten

Die kindlichen Verhaltensweisen einer Katze, ihre Fähigkeit sich zu entspannen, gehört zu den vielen Gründen, warum wir Katzen mögen. Für manche Menschen ist das jedoch eher ein Grund zur Besorgnis, da einige Katzen einfach nicht erwachsen und unabhängig werden wollen. Die meisten Katzen wechseln zwischen beiden Verhaltensweisen hin und her: Im Zimmer sind sie schmusende Jungkatzen, im Freien werden sie zu geschickten, tödlichen Jägern. Einige Katzen bauen jedoch eine so enge Bindung zu ihrem Halter auf, dass sie saugen und treteln wie Katzenbabys und ohne den Menschen einfach nicht zurecht kommen. Vielleicht ist es am Anfang noch niedlich, wenn sich die Katze wie ein Baby verhält, tretelt und an Ihnen zu saugen versucht. Allerdings wird dieses Verhalten spätestens dann zur Belastung, wenn die saugende Katze rote Spuren auf der Haut hinterlässt. Die Besitzer solcher Katzen stehen vor einer schwierigen Entscheidung. Damit die Katze ihr Verhalten einstellt, muss sich der Mensch zwangsläufig von ihr distanzieren. Viele Menschen fühlen sich dann „grausam“ oder entwickeln Schuldgefühle, aber es gibt einfach keine andere Möglichkeit. Auch eine Mutterkatze muss sich von ihren Jungen distanzieren, wenn die Kleinen später allein in der großen, weiten Welt zurecht kommen sollen.

Zunächst kommt es darauf an, der Katze nicht ständig zur Verfügung zu stehen. Sie brauchen Ihrer Katze deswegen nicht weniger Liebe und Zuwendung zu schenken, nur sollten die Anstöße von Ihnen und nicht von der Katze ausgehen. Die Katze wird lernen, dass nicht jeder ihrer Wünsche erfüllt wird, sie wird unabhängiger und fühlt sich wahrscheinlich erwachsener, selbst wenn sie – wie alle Katzen – gelegentlich in kindliches Verhalten zurückfällt.

Markieren mit Urin

Das Markieren mit Urin stellt für Katzen einen völlig normalen Vorgang dar, sowohl für männliche wie für weibliche, sterilisiert oder fortpflanzungsfähig. Damit markieren sie ihr Revier, gewöhnlich an senkrechten Objekten wie Zaunpfählen oder Büschen, an denen Rivalen vorbei kommen könnten. In den meisten Fällen markieren Katzen nur im Freien, weil dort andere Haustiere herumlaufen. Das Wohnungsinnere gilt ihnen als sicher, daher markieren Katzen dort nur äußerst selten.

Katzen, die innerhalb einer Wohnung markieren, fühlen sich offenbar unsicher oder bedroht und versuchen, sich durch ihren Uringeruch zu bestärken. Es gibt viele Gründe, warum Katzen mit diesem Verhalten beginnen: umgeräumte Möbel, Veränderungen im Haushalt wie Untermieter, ein Baby oder der Tod eines Familienmitgliedes. Je mehr Katzen innerhalb einer Wohnung leben, desto höher ist die Konkurrenz und damit die Gefahr, dass eine davon beginnt, Urinmarken zu verteilen. Gute Ziele sind Türen, Fenster, Möbelfüße und neue Objekte wie Müllbeutel. Allerdings wird ein Katzenbesitzer nur selten das Markieren sehen, da sich die Katze in seiner Gegenwart sicher fühlt – man riecht die Hinterlassenschaft allerdings etwas später.

Das Markieren mit Urin unterscheidet sich von dem gewöhnlichen Wasserlassen. Letzteres findet im Freien oder im Katzenklo statt, wenn der Blasendruck zu groß wird. Beim Markieren wird dagegen eine kleine Menge Urin gezielt auf einer Oberfläche in Höhe der Katzennase verteilt. Während sie markiert hebt die Katze ihren an der Spitze zitternden Schwanz und tritt häufig mit den Hinterbeinen auf und ab; der Strahl ist dabei nach rückwärts gerichtet.

Fortpflanzungsfähige Kater, die in die Geschlechtsreife eintreten, beginnen sehr ausgeprägt zu markieren – mit deutlich wahrnehmbarem Geruch. Werden sie in diesem Stadium kastriert, endet dieses Verhalten. Fortpflanzungsfähige Katzen benutzen den Urin, um Kater auf sich aufmerksam zu machen, doch auch dieses Verhalten endet nach der Sterilisation. Ältere Katzen, die sich nicht mehr so sicher fühlen wie früher, können markieren, um ihre Position gegenüber echten und eingebildeten Rivalen zu stärken.

Manche Katzen nehmen eine ähnliche Position beim normalen Urinieren ein. Vor allem Katzen mit Erkrankungen der äußeren Harnwege versuchen sich damit, etwas Erleichterung zu verschaffen. Sollte Ihnen diese ungewöhnliche Position auffallen, vor allem innerhalb des Katzenklos, bringen Sie Ihre Katze am besten sofort zum Tierarzt.

Es gehört zur Behandlung, die Katze wieder selbstsicher zu machen, damit sie das Markieren einstellt. Bestrafen Sie niemals eine Katze, die Sie gerade beim Markieren erwischen. Damit würde sie nur noch unsicherer und setzte die Markierungen vermutlich umso intensiver fort.

Wenn das Innere des Hauses verändert wurde, oder ein neues Familienmitglied einzieht, sollte die Katze die Veränderungen zunächst nur kontrolliert, nach und nach in Ihrem Beisein kennen lernen. So wird sie erkennen, dass alles sicher ist, und sie wird das Haus bald wieder als ihr altes Revier akzeptieren.

Reinigen Sie markierte Stellen gründlich mit einer warmen Lösung eines ungiftigen Putzmittels und entfernen sie anschließend durch leichtes Reiben mit Alkohol oder Desinfektionsmittel alle fetthaltigen Reste. Sobald alles abgetrocknet ist, darf die Katze den Ort wieder inspizieren – allerdings nur in Ihrem Beisein.

Markierende Katzen, die in einem Haus mit Katzenklappe leben, sollten eine Zeitlang nur von den Katzenhaltern ins Freie gelassen werden (Klappe verschlossen halten). Die Katze könnte nämlich Angst haben, dass Rivalen durch die offene Katzenklappe in das sichere Haus eindringen. Stellt Ihre Katze das Markieren daraufhin ein, lohnt sich unter Umständen der Einbau einer elektronischen Klappe: Die Katze trägt ein Halsband mit Sender, der den Klappenverschluss entriegelt; für alle anderen Katzen bleibt der Zugang verschlossen.

Manche Katzen fühlen sich in einem überschaubaren Raum (kleineres Zimmer oder ein Gehege) sicherer, wenn Sie die Wohnung verlassen. Stellen Sie ihr auf jeden Fall ein warmes, abgedecktes Bett hinein. In diesem Arrangement fühlt sich die Katze nicht nur sicher, sie wird es auch vermeiden, in der Nähe ihres Bettes eine Urinmarkierung zu verspritzen; diese elementare Regel lernt sie bereits als kleines Kätzchen von ihrer Mutter. Bleibt die Katze länger als zwei bis drei Stunden allein, gehört noch ein Katzenklo ins Zimmer, das in größerem Abstand von Bett und Futter aufgestellt wird. Stellt Ihre Katze daraufhin das Markieren ein, darf sie den Rest der Wohnung Zimmer für Zimmer wieder erkunden. Am Anfang sind Sie noch bei ihr und geben ihr die nötige Sicherheit. Sie muss wieder lernen, dass die Wohnung einen sicheren Rückzugsort darstellt, in dem ihr keinerlei Gefahr droht, sondern den sie mit beschützenden Menschen teilt.

Da Katzen niemals in der Nähe von Futter markieren, können Sie auch an „strategischen" Stellen Futter zur Abschreckung hinstellen. Für diesen Zweck ist Trockenfutter hygienischer als frisches oder Dosenfutter. Allerdings sollten Sie das Futter am Boden des Napfes festkleben, sonst frisst die Katze es auf. Abschreckend wirken auch schwierig zu begehende Oberflächen wie Schalen mit Tannenzapfen oder Alufolie – hier werden sich Katzen nicht aufstellen, um Urinmarken zu verspritzen.

Möbelkratzen

Wie bereits erwähnt, ist das Kratzen mehr als nur eine Methode, um die Krallen zu schärfen – es markiert außerdem den Besitz eines Reviers. Katzen, die an Möbeln kratzen, tun dies aus einem oder aus beiden Gründen. Wenn Sie der Katze einen Kratzbaum mit Sisalumwicklung zur Verfügung stellen oder Baumrinde um einen Pfosten binden, wird sie ihre Krallen vermutlich dort schärfen. Manchmal werden auch Kratzbäume angeboten, die mit Teppichen umhüllt sind – lassen Sie besser die Finger davon, denn die Katze könnte sich über Ihre Teppiche hermachen. Der Kratzbaum gehört zunächst an die Stelle, an der die Katze bereits vorher gekratzt hat; hat sie ihn akzeptiert, können Sie den Kratzbaum sukzessive an einen ungefährlichen Platz verschieben. Achten Sie darauf, den Kratzbaum so hoch zu wählen, dass Ihre Katze ihn mit ausgestreckten Beinen benutzen kann. Gerade dieser Aspekt der Höhe ist häufig der Grund, warum sich Katzen eher für die Möbel als für einen zu kurzen Kratzbaum entscheiden.

Sollte die Katze kratzen, um ihre Duftmarken zu hinterlassen (siehe Kapitel „Die Sprache der Katzen“), könnte sie sich unsicher fühlen. Sie versucht auf diese Weise, ihren Eigenduft zu verbreiten. Da man dieses Problem ähnlich behandelt wie das Verspritzen von Urin, sollten Sie unter dem Stichwort „Markieren mit Urin“ (Seite 165) in diesem Kapitel nachschlagen.

Neue Katze eingewöhnen

Die meisten Katzen akzeptieren ohne Schwierigkeiten, wenn eine neue Katze ins Haus kommt. Sofern sie als Jungkatzen genügend soziale Kontakte hatten, kennen sie die erforderlichen Signale und Verhaltensweisen der Kommunikation und behalten sie häufig bis ins Alter. Katzen, denen diese frühen Erfahrungen fehlen, kommen später weniger gut mit anderen Katzen zurecht. Bei solchen Tieren können Sie nur darauf hoffen, dass Sie ein tolerantes, wenn auch etwas reserviertes Exemplar erwischen; direkt in ihren Schoß kuscheln wird es sich wohl kaum. Sie können zwar diese frühen Erfahrung nicht mehr nachholen, dafür aber das Eingewöhnen einer neuen Katze umso gezielter beeinflussen. Der erste Eindruck, den alte und neue Katze voneinander bekommen, ist sehr entscheidend, daher sollten sie sich erst nach und nach kennen lernen.

Da Katzen intensiv auf Gerüche reagieren, werden neue und alte Katze abwechselnd gestreichelt, damit sich ihre Düfte vermischen. Wiederholen Sie die Prozedur über mehrere Tage, noch bevor sich die beiden erstmals zu Gesicht bekommen. Es kommt wesentlich darauf an, dass sich die neue Katze nur unter kontrollierten Bedingungen den vorhandenen Katzen und anderen Familienmitgliedern nähert – der Neuling sollte sich möglichst nicht gleich zu Beginn erschrecken. Am besten funktioniert das mit einem Gehege, in dem sich die neue Katze einige Tage lang (auch ohne Überwachung) gefahrlos in der Wohnung aufhalten kann. Als Alternative bietet sich der Transportkäfig an, dessen Stangen ihr die nötige Sicherheit verleihen. So lernt sie ihre künftigen Mitbewohner kennen und lernt, wie sie sich verhalten. Katzen, die in einem Käfig eingeschlossen sind, können nicht in Panik weglaufen. Damit unterbleibt auch der verhängnisvolle Reflex anderer Katzen und Hunde, hinter der vermeintlichen „Beute" herzujagen. Sie selbst beobachten in Ruhe, wie sich die Dinge entwickeln. Ein Käfig bietet auch Schutz vor den ersten, nicht immer freundlichen Kontakten mit anderen Tieren oder Kindern. Stellen Sie den Käfig in einen belebten Raum, etwa das Wohnzimmer oder die Küche, damit sich die neue Katze an die Geräusche und den Rhythmus des Hauses gewöhnt.

Wenn sich die Katzen erstmals begegnen, kann es zu gewissen Spannungen kommen. So lange Sie darauf achten, dass die Erregung und vielleicht eine kleine Hetzjagd nicht zu sehr ausarten, werden sich die Schwierigkeiten von alleine legen. Füttern Sie alte und neue Katze gemeinsam; die alte vor dem, die neue im Käfig, damit sie sich besser aneinander gewöhnen. Sobald sie gemeinsam fressen und sich entspannen, dürfen sie sich erstmals ohne Käfig begegnen. Vor allem bei einer kleinen Katze geht dies gewöhnlich problemlos, da die Hauskatzen sie nicht als gleichwertigen Konkurrenten ansieht. Ältere neue Katzen verlangen etwas mehr

Geduld; setzen Sie bei den ersten Begegnungen ohne Käfig Futter als Ablenkung ein.

Schließlich darf der Neuling immer länger aus dem Käfig heraus, um das Zimmer zu erkunden und zu spielen. Sollten sich die vorhandenen Tiere als tolerant gegenüber dem Neuling erweisen, darf er freier und, zunächst in einem Zimmer, unbeaufsichtigt herumlaufen. So lernt er nach und nach die einzelnen Zimmer der Wohnung kennen. Bleiben Sie am Anfang in ihrer Nähe, damit die neue Katze alles ohne Schwierigkeiten erkunden kann. Achten Sie darauf, dass die Katze in jedem Raum genügend Rückzugsmöglichkeiten vorfindet (Fluchtwege, Schlupfwinkel unter Möbeln, sichere hohe Plätze), wohin sie sich bei Gefahr zurückziehen kann. Dies ist vor allem in Haushalten wichtig, in denen ein neugieriger Hund lebt. Sobald sich die Katze endgültig eingelebt hat, können Sie den Käfig durch ein normales Katzenbett ersetzen. Von nun an ist sie nicht mehr auf Ihre Aufsicht angewiesen.

Neugier

„Neugier tötete die Katze", sagt ein englisches Sprichwort und darin ist häufig ein wahrer Kern, denn Kätzchen stecken ihre Nase überall hinein. Wenn Sie ein neues Kätzchen in ihren Haushalt einführen, müssen Sie die Sicherheit völlig neu überdenken – ähnlich wie bei einem Kleinkind. Alle Stromkabel gehören außer Reichweite, möglicherweise schädliche Desinfektions- oder Putzmittel an einen sicheren Ort und jedes Fenster muss geschlossen sein, während das Kätzchen auf Entdeckungsreise geht. Entfernen Sie alle Gegenstände auf Regalen, Schränken oder Tischen, die herunterfallen könnten; Kätzchen können hoch springen! Denken Sie auch an Kamine; es sind Berichte von Kätzchen bekannt, die darin hoch kletterten und stecken blieben. Auch die Tür der Waschmaschine sollte geschlossen bleiben, damit das Kätzchen nicht in die Maschine klettert und auf der Wäsche schläft.

Selbst wenn ein Kätzchen seine Erkundungsphase überwunden hat, sollte man es noch im Auge behalten. Je genauer eine Katze beobachtet und lernt, desto stärker nimmt sie am normalen Familienleben teil. Gelangweilte Kätzchen, denen es an Anregungen fehlte, wachsen zu uninteressierten Katzen heran, die sich vielleicht sogar vor den täglichen Ereignissen eines Haushaltes fürchten. Nutzen Sie die Zeit ihrer grenzenlosen Neugier!

Paarungsrufe

Viele Katzenbesitzer machen sich Sorgen, wenn ihre weiblichen Katzen plötzlich laut und jammernd rufen, sich ruhelos benehmen, weniger fressen und stärker zu urinieren beginnen. Dabei laufen sie mit seitlich hochgehobenem Schwanz vor anderen Katzen her, heben ihr Hinterteil, treteln mit den Vorderbeinen und jaulen. Ihr Gesicht zeigt einen wütenden bis ängstlichen Ausdruck, die Ohren sind zurückgelegt und die Pupillen geweitet. Sie belecken regelmäßig den Bereich unter ihrem Schwanz. Diese lauten, monotonen Rufe sind ein Zeichen dafür, dass die Katze geschlechtsreif geworden ist und nun versucht, Kater für die Paarung anzulocken. Da dieses Verhalten zum ersten Mal bei drei bis 18 Monate alten Katzen auftritt, werden manche Eigentümer überrascht, die noch nicht dazu gekommen sind, ihre Katze sterilisieren zu lassen. Die erste Phase der Hitze kann rasch vorübergehen oder wochenlang dauern – während dieser Zeit darf die Katze natürlich nicht ins Freie, um sich mit Katern zu paaren.

Obwohl die meisten Tierärzte eine Katze lieber vor oder nach der fruchtbaren Phase sterilisieren (gewöhnlich im Alter von vier bis fünf Monaten, noch vor Eintritt der ersten Hitze), kann sie auch während der Hitze sterilisiert werden. Oft ist dies die beste Lösung, denn eine Katze, vor allem orientalische Rassen, die andauernd ruft, weil sie ins Freie möchte, um einen Partner zu finden, kann einen fast in den Wahnsinn treiben.

Pflanzen fressen

Die meisten Katzen fressen mehr Pflanzen als wir wahrnehmen, vermutlich weil Pflanzen sie mit Vitaminen, Mineralien und Ballaststoffen versorgen. Einige würgen Gras mit oder ohne Nahrungsreste anschließend wieder aus. Vermutlich hilft ihnen dies dabei, sich zu entwurmen oder Haarreste zu entfernen. In der Regel achten Katzen sehr genau darauf, was sie fressen. Obwohl sie frei in Haus und Garten herumlaufen dürfen, fressen sie keine giftigen Pflanzen. Nur Katzen, die ständig in der Wohnung bleiben müssen, und neugierige kleine Kätzchen machen sich gelegentlich über Topfpflanzen her, weil sie sich langweilen oder neugierig sind. Stellen Sie Katzen, die im Zimmer bleiben müssen, einen Topf mit Graspflanzen zur Verfügung, damit sie sich von den Zierpflanzen fern halten. Solche Gräser werden auch von Zoogeschäften angeboten und sind für Katzen attraktiver als die meisten Zimmerpflanzen. Wenn Sie eine Katze haben, die sich dennoch gerne an Zimmerpflanzen vergreift, entscheiden Sie sich sicherheitshalber für ungiftige Arten.

Phobien

Katzen werden, wie alle anderen Tiere auch, mit der Fähigkeit geboren, auf Bedrohungen zu reagieren und selbst lebensbedrohliche Gefahren zu meistern. Man kann das Verhalten einer Katze, die sich bedroht fühlt, recht gut erkennen, da es sich deutlich vom Normalverhalten unterscheidet: Selbst jüngste Kätzchen reagieren bereits, indem sie einen Buckel machen, das Fell sträuben und die Ohren anlegen, wenn sie durch ein Geräusch oder einen ungewöhnlichen Vorgang erschreckt werden. Wie alle jungen Säugetiere rennt ein Kätzchen während der ersten Lebenswochen daraufhin sofort zur Mutter, um Schutz zu suchen – sofern diese nicht ohnehin bereits die Initiative ergriffen hat. Mit der Zeit gewöhnen sich die Kätzchen an die verschiedenen Geräusche, vor allem, wenn darauf weder schädliche noch schmerzende Ereignisse folgen. Um es kurz zu machen: Kätzchen passen sich nach und nach an und finden ihren Rhythmus. Fast alle Katzen kommen hervorragend mit den üblichen Anforderungen eines Katzenlebens zurecht und werden gute Haustiere.

Für andere besteht das Leben jedoch aus einer Abfolge schrecklicher Ereignisse. Am liebsten verkriechen sie sich in einer dunklen Ecke oder unter dem Sofa und gehen allen Bedrohungen aus dem Weg. Schon beim geringsten Lärm oder der kleinsten Bewegungen rennen sie weg. Da sich solche Katzen niemals den vermeintlichen Bedrohungen stellen, lernen sie auch nicht, damit fertig zu werden. Man erkennt ängstliche Katzen gewöhnlich am geduckten Gang, einem hängenden Schwanz und langsamen Bewegungen, meist in Richtung auf eine Deckung zu. Von dort aus starren sie noch immer erregt und mit weit geöffneten Pupillen heraus – sie wollen sehen, dabei aber möglichst keine Aufmerksamkeit erregen. Wenn sie sich irgendwo sicher fühlen, bleiben sie am liebsten in diesem Versteck und scheinen jede Art von Herausforderung umgehen zu wollen; die Bedrohung wird schon verschwinden. Viele Katzen gewöhnen sich sogar an, unter eine Decke zu kriechen und scheinen es mit der Vogel-Strauß-Politik zu halten: den Kopf in den Sand und die Probleme ignorieren. Andere ziehen sich zurück und es dauert von Mal zu Mal länger, bis sie sich wieder offen zeigen. Welche Strategie übernervöse Katzen auch verfolgen, sie sind auf jeden Fall unglücklich – und damit auch ihr Besitzer, vor allem dann, wenn die Katze selbst vor den alltäglichsten Dingen scheut und einfach nicht mit dem Leben zurecht kommt. Obwohl die Zeichen für dieses Verhalten überdeutlich sind, ist es sehr schwer, eine Lösung zu finden. Wenn wir die ängstliche Katze zu beruhigen versuchen, fühlt sie sich zu sehr im Mittelpunkt und begreift nicht, dass wir ihr nur helfen wollen – die Angst wird noch größer. Setzen wir ihr zu sehr zu, kann sie zum letzten Verteidigungsmittel greifen und ihre Krallen benutzen, worauf sich ihre Angst noch rascher einstellt.

Offenbar gelingt es solchen Katzen nicht, sich am Leben zu freuen; wir können das Problem aber auch nicht auf sich beruhen lassen, denn es wird sich von Mal zu Mal verschlimmern.

Kätzchen, die von einer unerfahrenen und inkompetenten Mutter aufgezogen werden, sind auch ihrerseits kaum kompetent genug, Veränderungen zu bewältigen. Sie begegnen jeder neuen Herausforderung wie ein unerfahrenes, junges Kätzchen. Vielfach ist dieses Verhalten der Hintergrund nervöser Katzen: Sie haben während der Jugend verpasst, verschiedene Erfahrungen zu machen und bringen es als Erwachsene nicht fertig, den Strom neuer Herausforderungen zu meistern. Wir können solchen Katzen nur helfen, wenn wir ihnen ermöglichen, diese Erfahrungen unter kontrollierten Bedingungen neu zu machen. Dennoch wird eine solche Katze niemals völlig „normal" reagieren, denn es gibt viel zu viele Ereignisse, an die sich nur eine junge Katze gewöhnen kann. So reagieren Katzen, die schon als Jungtiere mit Welpen oder Hunden in Berührung gekommen sind, viel weniger nervös, wenn sie später einem Hund begegnen, der mit ihnen spielen möchte. Katzen ohne solche Erfahrung ziehen sich gewöhnlich sofort zurück, weil sie die Situation nicht entspannt überschauen können. Natürlich kann auch eine ältere Katze noch lernen, mit Hunden zusammenzuleben. Dies ist jedoch nur möglich, wenn der Mensch ihnen mit viel Geduld dabei hilft; eine soziale Interaktion oder gar ein Spiel wird sich daraus nur sehr selten entwickeln.

Um eine nervöse Katze zu beruhigen, wird sie in einen Käfig gesetzt, wie man ihn für Kätzchen kaufen kann, und der ihr als Schutzraum dient. Diesen Käfig stellt man in einen viel benutzten Raum, sodass sich die Katze an die normalen Tagesabläufe gewöhnt. Der Käfig schützt sie und verhindert gleichzeitig, dass sie aus Angst flieht. Damit bleibt sie zunächst von dem üblichen Trubel fern, den Hausbewohner, Fremde, Fernsehen, Radio oder Möbelrücken erzeugen. Sie bleibt am Ort und lernt zu interpretieren, was um sie geschieht. Wie in einem zweiten Uterus sitzt sie warm und geschützt, hat alles, was sie zum Leben braucht (Futter,

Wasser, ein Katzenklo) und kann von dort aus all das beobachten, was ihr früher schreckliche Angst eingejagt hat.

In gewissen Fällen kann auch eine medikamentöse Behandlung helfen, die der Katze den Lernvorgang ohne Panikreaktionen ermöglicht. Allerdings sollten Sie dazu Ihren Tierarzt befragen.

Platzangst (Agarophobie)

Agoraphobie ist die abnormale Angst vor offenen Flächen, sowohl im Freien als auch innerhalb der Wohnung. Zum Glück kommt dies bei Katzen nur sehr selten vor.

Eine Agoraphobie kann entstehen, wenn die junge Katze gar nicht oder zu spät an ein Leben im Freien gewöhnt wurde. Jungkatzen müssen diese Erfahrung kurz nach der Entwöhnung machen, wenn sie besonders empfänglich sind, Neues zu erkunden. In den meisten Fällen fehlt Katzen, die unter dieser Phobie leiden, jedoch der Mut, weil sie ein ernstes traumatisches Erlebnis hatten, etwa einen Kampf mit einer überlegenen, dominanten Katze, die vielleicht sogar bis ins Haus eingedrungen ist. Andere prägende Ereignisse können Baumaßnahmen sein, die den Zugang zum Haus kurzzeitig versperrten, ein streunender Hund, der sich in den Garten verirrt hatte oder auch ein Beinahe-Unfall mit einem Auto.

Da das Risiko, einem Rivalen zu begegnen, stets bestehen bleibt, kann sich eine solche Phobie verstärken. Die Angst kann so groß werden, dass sich die Katze nicht mehr ins Freie traut, wenn dort ungewöhnliche Geräusche zu hören sind, wie das Rascheln fallender Blätter, selbst wenn sich aktuell kein Rivale im Garten aufhält. Es ist typisch, dass die heftige Reaktion der phobischen Katze immer gleich ausfällt – selbst an ruhigen Tagen, wenn auch nicht die kleinste Haarspitze einer anderen Katze zu sehen ist. Sie fühlt sich im Freien unglücklich und nichts erinnert mehr daran, dass sie früher vielleicht gerne in den Garten ging.

Katzen, die unter Platzangst leiden, werden behandelt wie alle anderen nervösen Katzen auch. Man gewöhnt sie unter kontrollierten Bedingungen nach und nach wieder an das Leben im Freien. Zunächst kann man einen Transportkäfig verwenden, später vielleicht ein größeres Gehege. Darin verbringt die Katze einige Zeit in völliger Sicherheit im Freien. Allerdings darf die Behandlung erst dann beginnen, wenn die Ursache des traumatischen Ereignisses beseitigt wurde. Warten Sie ab, bis die Bauarbeiten eingestellt wurden oder einigen Sie sich mit dem Besitzer der stärkeren Katze auf bestimmte Termine, an denen die Tiere ins Freie dürfen, um Konflikte zu vermeiden. Erst danach darf die Katze wieder ins Freie. Sie muss lernen, dass es dort genauso sicher ist wie vor dem traumatischen Erlebnis und dass nicht jeder Windstoß eine Bedrohung darstellt. Bei den ersten „freien" Ausflügen sollten Sie oder ein wohlmeinender Freund die Katze begleiten und ihr Selbstvertrauen durch angemessenen Lärm wieder festigen. Manchmal kann es hilfreich sein, die Mahlzeiten in kleinere Portionen aufzuteilen, die Katze in dem Käfig zu füttern oder später direkt vor der Tür. Die Heilungschancen für agarophobe Katzen sehen gewöhnlich sehr günstig aus, vorausgesetzt, das verursachende Problem kann aus der Welt geschafft werden.

Rekonvaleszenz

Die Fortschritte der Tiermedizin haben dazu geführt, dass unsere Katzen geimpft werden und vor den meisten tödlichen Infektionskrankheiten geschützt sind. Es gibt hochentwickelte Medizin und Geräte, die fast an den Standard der Menschenmedizin heranreichen. Dennoch wird Ihnen jeder Tierarzt gerne zugeben, dass es trotz seiner Kunstfertigkeit mit Nadel oder Medikamenten auf Sie und Ihre Pflege ankommen wird, ob eine Katze endgültig genest.

Wenn Sie ihr mit altmodischer, hingebungsvoller Pflege dabei helfen, wird sie vermutlich gesunden, sie kann aber auch sterben, weil sie sich vor lauter Depression aufgibt. Als Besitzer einer kranken Katze tragen Sie eine große Verantwortung. Reden Sie mit ihr, kümmern Sie sich, halten Sie das Tier warm und meiden Sie Zug. Sorgen Sie dafür, dass die Katze regelmäßig frisst (zur Not müssen Sie ihr angewärmte kleine Leckerbissen reichen) und zum Katzenklo geht. Ihre Berührungen können den Unterschied zwischen Leben und Tod ausmachen. Katzen, die sich von einer Krankheit erholen, haben oft eine besonders tiefe emotionale Bindung zu dem Menschen, der ihnen dabei geholfen hat. Vermutlich wissen sie, welche Liebe und Pflege dazu nötig war.

Rund um das Katzenklo

In Großbritannien setzt die Industrie jährlich über 60 Millionen Pfund mit Produkten für Katzenklos um – eine bemerkenswerte Summe, wenn man berücksichtigt, dass viele frei laufende Katzen niemals ein Katzenklo benutzen, es sei denn, sie werden in einer Katzenpension untergebracht oder kommen in tierärztliche Pflege. Katzen sind unter anderem deswegen so beliebt, weil sie im Garten ein Loch graben, sich erleichtern und anschließend alles wieder ordentlich mit Erde zudecken. Für Katzen, die ständig in Wohnungen leben, die nachts nicht heraus dürfen oder nur an der Leine ins Freie geführt werden, ist jedoch ein sauberes Katzenklo unverzichtbar, das regelmäßig kontrolliert und mit frischer Streu gefüllt wird. Während Hundewelpen mehrere Wochen brauchen, bis sie stubenrein sind, und darauf trainiert werden müssen, sind junge Kätzchen bereits sauber, wenn sie in unsere Häuser kommen. Alles was sie brauchen, ist ein Katzenklo mit sauberer Streu, die sie aufscharren können. Offenbar beruht diese Sauberkeit auf einem Instinkt. Junge Kätzchen sind unfähig sich zu erleichtern; sie brauchen die Stimulation von Anal- und Genitalbereich durch die Mutter bis sie zwei oder drei Wochen alt sind. Dann können sie ihr Nest verlassen und stimulieren sich gewissermaßen selbst. Zu diesem

Zeitpunkt lernen sie auch, leichtes Material aufzugraben und als Toilette zu benutzen. Obwohl junge Kätzchen mit der Streu spielen, darin scharren oder sie gelegentlich sogar fressen, bringen sie sich die Sauberkeit selbst bei. Diese Erfahrungen behalten sie dann lebenslang.

Da die Vorfahren unserer Hauskatzen aus der Halbwüste stammen, ist es kein Wunder, dass auch moderne Katzen feine Streu bevorzugen. Ideal ist Sand, doch feine Erde eignet sich ebenso gut wie fast alle Produkte der Industrie. Prinzipiell gibt es drei Typen von Katzenstreu: Bleicherde ist ein Produkt auf Tonbasis; sie ist gewöhnlich hellgrau, granuliert und mengenmäßig vermutlich das verbreitetste Produkt. Von steigender Beliebtheit sind Pellets aus Holzfasern; sie sind leichter, halten den Geruch besser zurück und werden oft mit duftenden Hölzern versetzt, die den Uringeruch überdecken. Schließlich gibt es noch verschiedene feinkörnige Produkte, die im nassen Zustand verklumpen. Sie sind sparsamer, da man die Klumpen leicht entfernen kann und weniger nachfüllen muss. Tests haben ergeben, dass sich Katzen für feinkörniges Material entscheiden, wenn sie die Wahl haben, grundsätzlich aber mit allen Produkten zurecht kommen. Sollten sich Probleme in der Sauberkeit ergeben, zahlt es sich häufig aus, auf eine feinkörnigere Streu umzustellen. Es gibt auch Katzen, die zerrissenes Zeitungspapier im Katzenklo mögen, doch das könnte sich als Eigentor erweisen. Sollte Ihre Katze nämlich die Morgenzeitung noch vor Ihnen entdecken, werden Sie vermutlich ihren ganz speziellen „Kommentar“ auf dem Leitartikel finden.

Denken Sie daran, dass Katzen über ihren Urin und den Kot wichtige Botschaften verbreiten. Sie werden nach dem Geschäft, noch bevor sie ihre Hinterlassenschaften vergraben, ausgiebig schnuppern, um sicher zu stellen, dass sie die richtige Menge von ihrem Eigenduft hinterlassen haben. In trockener oder leichter Streu graben Katzen ihren Kot tiefer ein, in schwerer oder feuchter Streu reicht ihnen eine dünnere Abdeckung. Schüchterne Katzen in einem Haushalt mit vielen Katzen werden versuchen, möglichst wenig Aufmerksamkeit zu erregen: Sie vergraben alles sehr tief. Eine selbstbewusste Katze hinterlässt demgegenüber ihre dominante Botschaft für die anderen gut riechbar – entweder deckt sie alles nur dünn oder gar nicht ab. Diese Form der Katzensprache sollten Sie gut beachten, denn dabei geht es weniger um Stubenreinheit als vielmehr um eventuelle Verhaltensprobleme, die einzelne Katzen entwickeln könnten. Wenn Sie darauf achten, wie eine Katze das Katzenklo benutzt (bzw. gar nicht benutzt!), ergeben sich deutliche Rückschlüsse für eine spätere Diagnose und Behandlung.

Senior-Katzen

Alte Katzen bedürfen einer besondere Behandlung – wie alte Menschen. Sie schlafen länger und lieben warme, ruhige Plätze, an die sie sich vor dem Trubel der Familie zurückziehen können. Da die Gelenke steifer werden, müssen Bett, Katzenklo, Futternapf und Wasser leichter zugänglich sein. Stellen Sie das Katzenbett an einen warmen Platz vor der Heizung, vielleicht sorgen Sie für ein zweites Plätzchen in der Sonne. Da Ihre Katze nun nicht mehr mit einem Satz auf die Fensterbank kommt, braucht sie Unterstützung durch einen Stuhl oder einen Beistelltisch. Viele alte Katzen fühlen sich sicherer, wenn sie nur noch in einem oder zwei Räumen bleiben dürfen. Stellen Sie arthritischen Katzen mehrere Klos zur Verfügung, damit sie auf jeden Fall sauber bleiben kann. „Inkontinente" Katzen sind sehr unglückliche Katzen; sie sollten stets ein Katzenklo in ihrer Nähe vorfinden, wenn die Natur ihr Recht will.

Solange die Katze wach ist, verlangt sie nach häufigem und intensivem Kontakt. Sie entspannt sich bei sanfter Fellpflege, das hält sie außerdem sauber und stärkt ihr Selbstbewusstsein. So weit das noch möglich ist, sollte die alte Dame oder der alte Herr in das Familienleben integriert werden. Alte Katzen brauchen zwar viel Ruhe, benötigen aber immer noch Anregungen und wollen am Familienleben teilnehmen. Selbst wenn sie ihre Zeit lieber im Zimmer verbringen, sollte man sie ermuntern, regelmäßig ins Freie zu gehen; vielleicht an warmen, ruhigen Tagen und in Ihrer Begleitung. Ältere Katzen benutzen häufiger als früher Lautäußerungen, um Kontakt mit Ihnen aufzunehmen, vor allem nachts, wenn sie aufwachen und sich einsam und verletzlich fühlen. Haben Sie ein Einsehen und erlauben Sie Ihrer Katze nun auch, neben Ihrem Bett zu schlafen, damit sie sich nachts sicherer fühlt.

Schenken Sie Ihrer Katze viel liebevolle Pflege. Während sich alte Hunde häufig darüber freuen, wenn ein Welpe ins Haus kommt, besteht diese Hoffnung bei alten Katzen kaum. Sie wollen ihre Ruhe und sind nur selten bereit, Heim und Familie zu teilen. Bescheren Sie Ihrer Katze eine schöne Zeit, helfen Sie ihr und erfreuen Sie sich an ihrem Charakter.

Fragen Sie den Tierarzt, ob und wie sie die Ernährung umstellen müssen und bereiten Sie sich darauf vor, die Fütterungsgewohnheiten zu verändern. Viele alte Katzen bevorzugen mehrere kleine, leichte Mahlzeiten.

Regelmäßige Tierarztbesuche stellen sicher, dass die typischen Alterserscheinungen wie Nierenkrankheiten rechtzeitig erkannt und behandelt werden können.

Spielen

Kätzchen scheinen mit allem und jedem zu spielen, vor allem jedoch mit allem, was sich bewegt. Im Spiel trainieren sie ihre Reflexe und erwerben die Fähigkeiten, die sie später bei der Jagd brauchen – Anschleichen, Anspringen und Töten. Für den menschlichen Zuschauer bedeutet ihr Spiel vor allem Spaß am Zusehen. Den besten Katzenspielzeugen kann ein Kätzchen hinterher jagen: Tischtennisbälle, Schnüre und fest zusammen gedrückte Papierkugeln sind preiswert und genauso gut wie teures Spielzeug. Ermöglichen Sie Ihrer Katze neue Erfahrungen in Zelten aus Zeitungen, Tragetüten aus Papier oder Kartons, in die sie gerne hineinspringt.

Ähnliche Spiele lieben auch erwachsene Katzen. Vor allem Zimmerkatzen, die nie ins Freie dürfen, brauchen ständig neue Anregungen, damit sie lebhaft und interessiert bleiben. Vermeiden Sie alle Arten von Spielzeugen, die Ihre Katze zernagen könnte. Wenn sie Stücke davon verschluckt, müssen sie unter Umständen operativ entfernt werden.

Umzug

Ein Umzug kann sowohl für Menschen wie für Katzen zum traumatischen Erlebnis werden. Viele Katzenhalter machen sich Sorgen darüber, ob die Katze das neue Heim akzeptiert, und überlegen, wie sie sicherstellen können, dass sie nicht ausreißt und sich verläuft. War der Umzugsweg kurz, könnte die Katze auch ins alte Zuhause zurückkehren, statt das neue Heim zu akzeptieren. Solche Vorfälle kommen in der Tat vor. Katzen schätzen den Wert ihres Reviers sehr hoch ein, d.h. sie kehren unter Umständen in ihr altes Streifgebiet zurück und versuchen, sich mit den neuen Bewohnern zu arrangieren. Allerdings gibt es einige Möglichkeiten, der Katze den Umzug in ein neues Heim zu erleichtern.

Bringen Sie vor allem nervöse Katzen vor dem eigentlichen Umzug in eine freundliche Katzenpension. So bekommt sie nicht mit, wie der Hausrat verpackt, die Möbel und Vorhänge entfernt und alles abtransportiert wird. Die Katze darf die neue Wohnung erst dann kennen lernen, wenn alles wieder an seinem Platz ist. Katzen, die regelmäßig ins Freie durften und mehr Erfahrung haben, kommen gewöhnlich mit einem Umzug besser zurecht, sollten aber dennoch eine oder zwei Wochen zunächst ausschließlich im Haus verbringen, bis sie sich an die Einteilung und die Gerüche der neuen Wohnung gewöhnt haben. Wenn sie zum ersten Mal ins Freie dürfen, um sich ihren Platz zwischen den dort lebenden Katzen zu erkämpfen, sollten sie möglichst hungrig sein. Katzen, die seit etwa zwölf Stunden nichts gefressen haben, werden sich nicht weit entfernen und sofort umkehren, wenn sie vertraute Geräusche wie Rufe oder das Klappern ihres Futternapfes hören. Manchmal kann es helfen, wenn der Katzenhalter auf den ersten Exkursionen in der Nähe bleibt, doch die Anpassungsfähigkeit der meisten Katzen und ihr Überlebenswille wird rasch dazu führen, dass sie das neue Haus und seine Umgebung akzeptieren.

Sollte das neue Haus in der Nähe ihres alten Reviers stehen, wird die Katze gewiss früher oder später auf einen vertrauten Weg stoßen. Sie folgt den bekannten Routen und sieht sich dann erstaunt einer völlig veränderten Umgebung gegenüber. Noch ist die Bindung an das neue Haus nicht stark genug, um sie wegzulocken. Hinzu kommt, dass die neuen Bewohner oftmals freundlich auf die Katze reagieren, die durch die Katzenklappe spaziert und eine Mahlzeit akzeptiert. Selbst wenn die neuen Bewohner Bescheid wissen und die Katze durch Unfreundlichkeit oder einen Wasserguss zu vertreiben versuchen, können die Bindungen an das alte Revier stark bleiben. Solche Katzen kehren nicht freiwillig zu dem neuen Haus zurück, sondern müssen vom alten Besitzer geholt oder von den Nachfolgern gebracht werden. Diese Transporte können recht belastend werden, insbesondere, wenn es sich um die seltenen Fälle handelt, wo Katzen kilometerweit zu ihrem alten Revier zurückkehren.

Katzen lösen sich nur dann von ihrem alten Revier, wenn die neuen Bewohner alles tun, um sie zu vertreiben: Sie müssen unfreundlich sein, dürfen kein Futter anbieten, die Katze mit Wassergüssen vertreiben und sich weder schuldig fühlen noch Mitleid empfinden. Selbst alte Nachbarn, die früher freundlich mit der Katze umgingen, sollten sich ähnlich verhalten. Behalten Sie die Katze für mindestens einen Monat ausschließlich in der neuen Wohnung, und wenn sie dann immer noch ins alte Heim zurückkehrt, darf sie nicht auf einer direkten Route zurückgebracht werden. Wählen Sie möglichst viele Umwege, starten Sie zunächst in die falsche Richtung und kehren sie erst nach einigen Kilometern um. Als letzte Möglichkeit bietet sich an, die Katze für längere Zeit in einer Katzenpension zu lassen. So verliert sie vielleicht die Erinnerung an ihr altes Revier und der Reflex, dorthin zurückzukehren, verschwindet. Im neuen Heim sollten Sie ihr mit viel Geduld, häufigen kleinen Futtergaben, Liebe und Zuwendung dabei helfen, neue Bindungen aufzubauen. Sie darf erst nach längerer Zeit und dann nach zwölf Stunden Fasten ins Freie. Halten Sie die Ausflüge kurz, rufen Sie ihre Katze nach einer halben Stunde zurück und geben Sie ihr sofort Futter.

Am Ende dieses Trainings sollte die Katze das neue Haus als Zentrum ihres Reviers akzeptieren. Sie muss erkennen, dass hier Futter und Sicherheit warten (anders als im alten Heim, wo dies nun verweigert wird). Vielleicht dauert es Wochen oder gar Monate, bis die Katze erstmals wieder unbeaufsichtigt ins Freie darf. Wenn Sie also umziehen, dann sollte Ihr neues Heim mindestens zehn Kilometer vom alten entfernt sein – so tun Sie Ihrer Katze einen Gefallen.

Wenn alle Tricks versagen, ist es das Beste für Ihre Katze, wenn sie von den Bewohnern Ihres alten Hauses oder einem ehemaligen Nachbarn dauerhaft adoptiert wird.

Ein Umzug kann auch für eine reine Zimmerkatze zum traumatischen Erlebnis werden, denn sie bezieht ein vollständig neues Revier und wird sich zunächst verletzlich fühlen. Gewöhnen Sie die Katze Schritt für Schritt an ihr neues Heim – Zimmer für Zimmer – und helfen Sie ihr mit viel Zuwendung über die ersten, schlimmen Tage hinweg. Viel Mühe zahlt sich zwar aus, doch manchmal gibt es Grenzen. Als Edward Lear umzog, ließ er seine neue Villa als exakte Kopie des alten Hauses erbauen, damit sich die Katze sofort heimisch fühlen sollte ...

Unsauberkeit

Katzen sind berühmt für ihre Reinlichkeit und selbst kleine Kätzchen scheinen instinktiv den Weg zum Katzenklo zu finden, wenn die Natur ruft. Sie erleichtern das Leben eines Kätzchens, wenn Sie seine Toilette in oder doch in die Nähe des Käfigs stellen – allerdings weit entfernt vom Fressnapf. Verwenden Sie dieselbe Katzenstreu wie beim Züchter. Eine Katze wird sich zwar weigern, ein stark verschmutztes Katzenklo zu benutzen, aber es reicht aus, wenn sie die Streu einmal täglich austauschen. Auf diese Weise bleibt der Eigengeruch der Katze an der Toilette erhalten und sie gewöhnt sich schneller an ihre neue Toilette.

Wenn die Katze älter wird, ihre Schutzimpfungen erhalten hat und ins Freie darf, dürfte sie ihre Toilettenprobleme ins Freie verlagern. Erleichtern Sie auch diese Prozedur: Geben Sie etwas Gartenerde in das Katzenklo und verlagern sie alles in die Nähe der Tür; zunächst im Haus, dann vor die Tür. Auf diese Weise machen Sie der Katze klar, dass die Innenräume der Wohnung nicht mehr als Toilette benutzt werden sollten. Schließlich wird ein Gemisch aus Streu und Erde an eine geeignete Stelle im Garten gebracht, bis die Katze den Garten als ihre neue Toilette akzeptiert. Allerdings sollten Sie beachten, dass kranke Katzen oder Katzen, die kein schlechtes Wetter mögen, auch weiterhin auf das Katzenklo im Haus angewiesen sind. Gesunden Katzen passiert nur selten ein Missgeschick, doch wenn Sie zufällig Zeuge eines solchen werden, nehmen Sie die Katze hoch und setzen Sie sie in das Katzenklo. Streicheln Sie ihre Katze und reden Sie freundlich mit ihr; sie wird schon begreifen, worauf es ankommt. Bestrafungen, wie „die Nase im Kot reiben", bringen nichts, vor allem nicht, nachdem das Unglück bereits passiert ist. Die Katze wird nur noch nervöser und wird sich vermutlich noch einmal am falschen Ort erleichtern. Gelingt es Ihnen nicht, die Katze zu finden, machen Sie einfach sauber. Sollten Sie vermuten, dass Ihre Katze krank ist, gehen Sie mit Ihr zum Tierarzt, und sofern die Probleme nicht nachlassen, können Sie auch einen professionellen Tierpsychologen um Rat bitten.

Toilettenprobleme einer Katze hängen von der jeweiligen Umgebung und davon ab, wie viel die Katze bereits gelernt hat. Die folgenden Anmerkungen sollten Ihnen dabei helfen, das Problem zu lösen.

1. Halten Sie die Katze in einem kleinen Raum in einem Gehege fest, das nur Platz für Schlafplatz und Katzenklo bietet. Kätzchen lernen bereits sehr früh in ihrem Leben, auf keinen Fall ihren Schlafplatz zu verunreinigen. Daher versuchen sie, ihr Geschäft weit entfernt vom Bett zu erledigen. Sind sie eingesperrt, werden sie zwangsläufig das Katzenklo benutzen. Nach einer bis zwei Wochen sollte sich die Katze an die Streu und das Katzenklo gewöhnt haben. Die Katze kommt immer dann in das Gehege, wenn sie nicht beaufsichtigt werden kann. Nach sieben bis zehn Tagen darf die Katze das Gehege auch allein verlassen, bleibt aber zunächst im Raum eingeschlossen. Dabei wird das Katzenklo nach und nach weiter von der Schlafstelle entfernt. Wiederum nach einiger Zeit darf die Katze dann alle Räume des Hauses inspizieren, aber immer nur unter Aufsicht. Sobald sie ins Freie darf, kommt das Katzenklo zunächst in die Nähe der Außentür und wird schließlich vor die Tür gesetzt. In einem letzten Gewöhnungsschritt schüttet man die verunreinigte Streu auf einen Ort im Garten, wo die Katze von nun an ihr Geschäft erledigen kann. Das Haus bleibt von da an tabu.

2. Bevor die Katze einen Raum betreten darf, werden alle durch Ausscheidungen verschmutzten Bodenoberflächen gründlich mit einem ungiftigen Putzmittel gereinigt und leicht mit Alkohol oder Desinfektionsmittel abgewischt. Die Katze darf den Boden aber erst wieder betreten, wenn die Putzmittel getrocknet sind.

3. Auch eine Abdeckung des Katzenklos kann hilfreich sein. Verwenden Sie einen umgestülpten Pappkarton mit Zugangsloch oder kaufen Sie ein geschlossenes Katzenklo.

4. Zu schmutzige Katzenklos werden von den meisten Katzen ebenso abgelehnt wie peinlich saubere. Bei einer Katze in der Wohnung reicht einmal Putzen täglich aus – entsprechend mehr bei mehreren Katzen. Die Katze wird die Toilette eher akzeptieren, wenn sie ihren Eigengeruch wahrnimmt.

5. Probieren Sie unterschiedliches Streumaterial aus, wie Bleicherde, Pellets auf Holzbasis, wiederverwendbares Wachsmaterial und verschiedene feinkörnige Produkte. Wenn die Katze ins Freie darf, sollten Sie der Streu etwa 50 % Gartenerde beimischen; das erleichtert ihr den Übergang, sich vollständig im Freien zu erleichtern.

6. Halten Sie Katzenklappe oder den Zugang ins Haus zu angemessenen Zeiten geschlossen, damit Ihre Katze den Unterschied zwischen „Wohnung/sicher/saubere Zone" und „Freiheit/Dschungel/Toilettenzone" versteht. Damit bekommen Sie auch eine bessere Kontrolle darüber, wann und wie oft Ihre Katze ins Freie geht. Zu Beginn kann es hilfreich sein, die Katze unmittelbar nach dem Fressen ins Freie zu lassen, da sich viele Katzen nach der Mahlzeit erleichtern. Ermuntern Sie ihre Katze, längere Zeit im Freien zu verbringen, denn damit steigen die Chancen, dass sie sich regelmäßig dort erleichtert bzw. den Garten bald als geeigneten Toilettenplatz akzeptiert.

7. Stellen Sie niemals den Futternapf in die Nähe des Katzenklos; das könnte ihre Katze davon abhalten, das Klo zu benutzen und sie veranlassen, einen „besseren" Platz im Haus zu suchen. Umgekehrt können Sie auch Futter dazu benutzen, die Katze davon abzuhalten, sich an unerwünschten Stellen zu erleichtern. Trockenfutter ist für diesen Zweck besser und hygienischer und wird auch von Katzen akzeptiert, die sich ansonsten von Dosenfutter ernähren. Allerdings muss das Futter an den Napf geklebt werden, damit es die Katze nicht auffrisst.

8. Bestrafen Sie niemals eine Katze, der ein Missgeschick passiert ist. Nachdem das Unglück einmal geschehen ist, wäre Strafe sinnlos. Sollten Sie allerdings die Katze während des Aktes erwischen, wird sie sofort zum Katzenklo getragen, gestreichelt und beruhigt. Loben Sie Ihre Katze, wenn sie das Katzenklo benutzt hat; Sie dürfen sie auch belohnen.

Urlaub

Viele Katzenbesitzer sehen dem Urlaub mit gemischten Gefühlen entgegen. Einerseits freuen sie sich auf die Entspannung, weil sie den Druck der Arbeit und der üblichen Umgebung hinter sich lassen, andererseits sind sie traurig, weil die Katze nun zur Pflege muss. Viele Katzenbesitzer verzichten aus diesem Grund ganz auf die Urlaubsreise, andere fahren nur dorthin, wo sie die Katze mitnehmen dürfen. Letzteres kann schwierig werden, es sei denn, die Katze mag verreisen und hat nichts dagegen, im Hotel (viele Hotels erlauben keine Katzen), im Wohnwagen oder Ferienhaus zu wohnen. Selbst wenn alle Umstände günstig sind, bleibt noch die Angst, die Katze könnte sich verlaufen oder flüchten. Daher sollten Katzen im Urlaub ein Halsband tragen, auf dem die Telefonnummer der Heimat- und der Urlaubsadresse stehen.

Während manche Familien Jahr für Jahr ohne Probleme mit ihrer Katze in Urlaub fahren, dürften die meisten ihre Katze wohl eher einer sicheren, sauberen und gut geführten Katzenpension anvertrauen. Wenn Sie die Katzenpension Ihres Vertrauens sorgfältig auswählen, werden sie leichten Herzens und mit einem guten Gefühl in den Urlaub fahren. Sehen Sie sich die entsprechenden Einrichtungen in Ihrer Umgebung an, fragen Sie nach, sehen Sie sich um – wird das nicht gestattet, suchen Sie lieber gleich weiter. Die Besitzer einer gut geführten Katzenpension werden sicher nichts gegen vertrauensbildende Maßnahmen einzuwenden haben. Hier einige der wichtigsten Dinge, die Sie beachten sollten:

- Die Einrichtung muss sauber und ordentlich erscheinen.
- Es darf nicht riechen.
- Die Katzen sollten gesund und zufrieden aussehen.
- Jeder Katze muss ein eigener Käfig zur Verfügung stehen, es sei denn, sie stammen aus demselben Haushalt. Fremde Katzen dürfen keinen direkten Kontakt miteinander haben; sie sollten nicht gemeinsam eine Freifläche benutzen dürfen, denn dies bedeutet

Stress und ist eine gute Möglichkeit sich mit irgendwelchen Krankheiten anzustecken.

- Jede Katze braucht einen eigenen beheizten Schlafplatz und einen Auslauf.
- Jeder Katze muss ein eigener Fressnapf und ein eigenes Katzenklo für die Dauer des Aufenthaltes zur Verfügung stehen.
- Jedes Katzenhaus braucht eine Doppeltür oder eine Sicherung, die verhindert, dass eine Katze entwischt.
- Gute Katzenpensionen sollten Sie nach dem Impfpass Ihrer Katze fragen.
- Man sollte Sie nach besonderen Futterneigungen, Fressgewohnheiten, Krankheiten oder Ähnlichem fragen; gute Katzenpensionen bestehen auch auf einer Vollmacht, das Tier während Ihrer Abwesenheit tierärztlich betreuen zu dürfen.
- Langhaarkatzen sollten (manchmal gegen Aufpreis) regelmäßig gebürstet werden.

Wenn Sie eine gute Katzenpension gefunden haben, werden Sie vermutlich nicht mehr wechseln wollen. Denken Sie daran, rechtzeitig einen Platz für Ihre Katze zu buchen, damit sie Ihren Urlaub wirklich genießen können. Die meisten Katzen kommen ganz gut mit ihrer neuen Umgebung zurecht – in der Tat sind manche Katzenbesitzer sogar enttäuscht, wenn sie nach dem Urlaub ihre Katze wieder abholen und bemerken, wie gut es ihr geht!

Sollten Sie nur für kurze Zeit wegfahren, kann vielleicht ein Nachbar oder Freund die Pflege Ihrer Katze übernehmen. Er kann mehrmals am Tag das Haus besuchen, nach der Katze sehen und sie füttern. Für die meisten Katzen ist dieses Vorgehen besser; sie behalten ihre tägliche Routine und müssen sich nicht an eine neue Situation anpassen. Wenn sie länger als eine Woche fernbleiben oder niemand finden, der sich regelmäßig um die Katzen kümmert, können Sie auch nach einem „Katzen-Sitter“ suchen, der während Ihrer Abwesenheit im Haus wohnt und die Katzen versorgt. Natürlich müssen Sie der entsprechenden Person vertrauen können. In manchen Fällen ist dieses Vorgehen für die Katze angenehmer als eine Unterbringung in der Katzenpension.

Vegetarische Ernährung

Es gibt leidenschaftliche Vegetarier, die ihre Überzeugung auch auf die Haustiere übertragen möchten, was zumindest bei Hunden auch durchaus möglich ist. Katzen müssen jedoch Fleisch fressen, weil sie nur darin lebensnotwendige Substanzen wie das Taurin vorfinden. Menschen und Hunde können fast alle Nährstoffe aus vegetarischer Kost beziehen. Katzen sind perfekte Raubtiere und Fleischfresser, die im Zuge der Evolution „verlernt" haben, ihre Grundbausteine aus vergleichsweise einfacher Pflanzenkost selbst herzustellen; sie nehmen sie in konzentrierter Form direkt aus dem Fleisch auf. Andererseits kommen Menschen und Hunde ganz gut mit Pflanzennahrung zurecht, da sie zeitweise ganz ohne Fleisch auskommen mussten. Trotz der Überzeugung mancher Katzenbesitzer können Katzen niemals echte Vegetarier werden.

Verwilderte Katzen

Es gibt Millionen verwilderter Katzen auf der Welt. Manchen Menschen fallen sie erst auf, wenn sie im Urlaub am Mittelmeer streunende Katzen vor den Hotels sehen, die auf Futter hoffen. Allein in Großbritannien sollen über eine Million verwilderter Katzen leben, um die sich viele Menschen kümmern. Es gibt fürsorgliche Menschen, die sie mit Futter versorgen oder sie in Familien unterzubringen versuchen. Allerdings kann sich das als schwierig oder gar gefährlich erweisen. Eine streunende Katze, die von ihren alten Eigentümern vertrieben wurde oder verloren ging, lässt sich vielleicht in eine Familie integrieren – eine frei geborene Katze niemals. Wie ich im Kapitel „Die Persönlichkeit der Katze" ausgeführt habe, muss eine Jungkatze im Alter von sieben bis acht Wochen an den Umgang mit Menschen gewöhnt werden, damit sie ihn als Gefährten akzeptieren. Ist das nicht geschehen, werden Katzen nicht auf Menschen reagieren, bei ihnen entspannen oder sich gar in einer normalen häuslichen Umgebung halten lassen.

Man kann zwar mit viel Geduld ein acht Wochen altes „Wildkätzchen" zähmen (das dann bereits aggressiv oder furchtsam ist) und an Menschen gewöhnen, bei einer erwachsenen Katze wären alle Bemühungen vergeblich. Außerdem wäre es eine ziemlich erschreckende Erfahrung für die Katze, denn sie müsste sich daran gewöhnen, mit den Menschen in deren Umgebung zu leben. Sie würde in einen Käfig gesperrt, um sich in ruhigen und geduldigen Bemühungen an die Ereignisse des täglichen Lebens zu gewöhnen. Jungkatzen reagieren darauf häufig positiv – je jünger sie sind, desto leichter fällt ihnen die Anpassung und sie werden entspannt und freundlich. Ältere Katzen wären vermutlich vollständig von dem Käfig überwältigt und würden auf jede Annäherung mit Angst reagieren. Sie duckten sich regungslos in eine Ecke und griffen voller Angst jeden an, der sich ihnen zu nähern versucht.

Sollten Sie also daran denken, ein „wildes" Kätzchen bei sich aufzunehmen und ihm ein Heim zu bieten, dann entscheiden Sie sich für ein Tier, das höchstens acht Wochen alt ist (so weit sich das überhaupt feststellen lässt). Nehmen Sie sich viel Zeit und Geduld. Eine ältere verwilderte Katze bei sich aufzunehmen, endet fast immer mit Enttäuschung. Wildkatzen leben am besten in einer betreuten Kolonie, wo sie unter den wachsamen Augen von Pflegern ganz gut zurecht kommen.

Wolle fressen

Katzen sind obligatorische Fleischfresser – sie ernähren sich ausschließlich von Fleisch und sind selten an anderem Futter interessiert. Einige Katzen schätzen jedoch gelegentlich ein Stück Kuchen oder sogar Schokolade, andere bevorzugen allerdings noch merkwürdigere „Speisen".

Warum manche Katzen Wolle oder andere Stoffe fressen, ist noch nicht geklärt. Allerdings besteht an der Tatsache kein Zweifel, wie Löcher in der Kleidung, den Teppichen oder in Vorhängen beweisen. Als das Verhalten erstmals in den 1950er-Jahren beschrieben wurde, galt es als typisch für einige Rassen wie Siamkatzen. Wie der Katzenexperte Peter Neville jedoch zeigen konnte, ist das Problem weiter verbreitet und kommt bei Siamkatzen, Burmesen und selbst bei Promenadenmischungen vor.

Einige der Stoffe fressenden Katzen sind vor allem an Wolle interessiert; bei ihnen könnte der Geruch von Wolle dieses Verhalten auslösen. Die meisten Katzen fressen jedoch alle möglichen Arten von Stoffen, von Wolle über Baumwolle bis hin zu synthetischen Stoffen. Besonders beliebt sind getragene Kleidungsstücke, Bettlaken und Handtücher.

Während sie Stoff fressen, lassen sich die Katzen durch nichts ablenken und scheinen manchmal wie in Trance. Werden sie durch Fauchen, Rufe oder sogar durch einen Wasserguss gestört, hören sie zwar kurzfristig auf, kehren aber bald wieder zurück und versuchen, sich mit dem Stück Stoff an einen ruhigeren Ort zurückzuziehen. Die Katze reißt den Stoff mit Eck- und Reißzähnen auseinander und beginnt mit den mahlenden Backenzähnen zu kauen, sobald sie genügend Wolle im Maul gesammelt hat. Manche Katzen können große Mengen an Stoff verzehren, bemerkenswert vor allem deswegen, weil er das gesamte Verdauungssystem durchläuft, ohne Schaden anzurichten. Gelegentlich verstopfen die Fasern Magen oder Darm, einige Katzen mussten wegen dieser Probleme sogar eingeschläfert werden. Andere Katzen schaffen es, ein langes, gesundes Leben zu leben und fressen ohne Nebenwirkungen täglich Wolle oder Stoff.

Einige Katzen wurden sogar getötet, weil sie ihren Besitzer einfach zu viel kosteten. Es gibt Katzen, die Kleider im Wert von Hunderten von Englischen Pfund oder, in anderen Fällen, Einrichtungsgegenstände im Wert von mehreren tausend Pfund zerstört hatten. Nach einer englischen Untersuchung kostet ein durchschnittlicher Stoff-Fresser seinen Besitzer 136 Pfund. Dennoch gaben die meisten Befragten zu, sich an das Problem gewöhnt zu haben. Sie waren weder bereit, sich von ihrer Katze zu trennen, noch wollten sie in Zukunft eine andere Rasse kaufen.

Nach einer Hypothese geht dieses Fehlverhalten, wie das Saugen an Wolle, auf kindliches Verhalten zurück und tritt vorwiegend bei Rassen auf, die sehr sensibel sind und von ihren Besitzern gut ernährt und verwöhnt werden.

Katzen, die nur in Abwesenheit ihrer Besitzer Wolle oder Stoffe fressen und ansonsten sehr anhänglich sind, müssen dazu ermuntert werden, erwachsen zu werden. Ziel des Trainings sollte es sein, ihre kindlichen Verhaltensweisen durch solche erwachsener Tiere zu ersetzen, d.h. der Besitzer darf sie nicht mehr übermäßig verwöhnen und muss seine Zuwendungen einschränken. Wo immer das möglich ist, sollten sie ins Freie dürfen. Dort gewinnen sie neue Eindrücke, sodass die Abhängigkeit von Besitzer und Wohnung abnimmt und sie ein weniger abhängiges Verhalten aufbauen können. Häufig scheint das Problem dann zu verschwinden, Allerdings lässt sich nicht ausschließen, dass die Katzen andere Stoffquellen in Nachbarhäusern oder auf Wäscheleinen finden. Auf jeden Fall sollten Sie versuchen, alle essbaren Stoffe außer Reichweite Ihrer Katze zu halten; manchmal stellt eine Katze ihr Verhalten ein, wenn sie für einige Wochen nicht an Stoff herankommt. Eine direkte negative Konditionierung (die Katze wird mit einer Wasserpistole bespritzt, wenn sie gerade Stoff frisst) kann helfen, führt aber häufig dazu, dass die Katze heimlich an Stoffen nagt. Indirekt wirkt ein als Köder ausgelegtes Handtuch, das mit abschreckenden Substanzen imprägniert wurde. Der Effekt kann zwar so dramatisch sein, dass die Katze niemals wieder einen Stoff probiert, es kommt aber entscheidend auf die Wahl der richtigen Substanz an. Pfeffer, Senf, Chili oder Curry sind grundsätzlich nutzlos; sie steigern nur das Verlangen der Katze nach ausgefallenen Gewürzen. Ätherische Öle wie Menthol oder Eukalyptusöl sind wirkungsvoller und konnten einige überzeugte Stoffe-Fresser abschrecken, müssen aber mit Vorsicht eingesetzt werden.

Am besten lässt sich das Problem durch eine veränderte Ernährung kurieren. Die meisten Stoffe-Fresser fressen völlig normal und ihr Appetit wird durch einen Magen voller Nylonfasern oder einem Wollschal nicht beeinflusst. Wenn man seiner Katze neben der üblichen Nahrung einen Teller mit Trockenfutter bereitstellt, der ständig gefüllt bleibt, kann man ihr Interesse an Stoffen auf ein nahrhafteres Ziel lenken, ohne dass sie an Gewicht zulegt. Die meisten Katzen naschen gerne den ganzen Tag über an dem Trockenfutter und reduzieren entsprechend ihren Bedarf an Frischfutter. Gelegentlich ist es sinnvoll, die tägliche Mahlzeit ganz zu streichen und die Katze statt dessen mit einem nie endenden Strom trockener Nahrung zu versorgen.

Da der Magen auf diese Weise ständig gefüllt bleibt und zu tun hat, nimmt bei vielen Katzen die Lust ab, Stoffe zu fressen. Vielfach genießen sie mehr das Gefühl eines vollen Magens als die alternative Form der Nahrung. Dies würde auch erklären, warum eine vermehrte Beimischung von Ballaststoffen zum Dosenfutter – sie sorgen für ein größeres Volumen und halten die Nahrung länger im Verdauungstrakt fest – die Neigung, Stoffe zu fressen, reduziert. Da viele Katzen dem Futter beigemengte Kleie nur bis zu einem bestimmten Anteil tolerieren, kann es wirkungsvoller sein, dem Futter fein zerkleinerte Wolle oder Stoffe beizumischen. Natürlich gibt man der Katze auf diese Weise nach, aber das ist immer noch preiswerter, als seine Garderobe zu opfern. Es gibt auch Katzenbesitzer, die das Problem gelöst haben, indem sie ihrer Katze zur Fütterungszeit ein Handtuch oder einen Schal anbieten. Die Katze nimmt ein Maulvoll Futter, dann kaut und verschluckt sie etwas Stoff – ein zugegeben bizarres Spektakel, aber in manchen Fällen äußerst wirkungsvoll.

Bei manchen Katzen scheint die Dauer der normalen Mahlzeiten die Häufigkeit und Intensität zu beeinflussen, mit der sie über

Stoffe herfallen. In der Wildnis vergeht eine gewisse Zeit, bis eine Katze ihre Beute gefunden, sich angepirscht und sie getötet hat. Auch der eigentliche Fressvorgang dauert, da zunächst das Fell oder die Federn entfernt und zerrissen werden müssen, ehe die Katze an das Fleisch gelangt. Für Hauskatzen stellen sich diese Probleme nicht, dennoch könnte hier eine Wurzel des Verhaltens liegen: Sie brauchen mehr Zeit, bis sie sich der eigentlichen Nahrung zuwendet. Dafür spricht z.B. auch, dass sich manche Stoffe-Fresser länger an knorpeligem Fleisch und den unverdaubaren Sehnen großer Knochen nagen, als das weiche Fleisch in ihrem Napf zu fressen.

Xenophobie (Angst vor Fremden)

Es gibt Katzen, die wunderbar mit allen Veränderungen innerhalb eines Haushaltes zurecht kommen und dennoch in Panik geraten, wenn ein Besucher kommt. Dieses Problem basiert nicht unbedingt darauf, dass sie nicht genügend Erfahrung mit Fremden in ihrer Jugend hatten, sondern könnte entstanden sein, weil sie sich an eine einzige, üble Erfahrung mit einem lauten, erschreckenden oder unfreundlichen Gast erinnern, der – vielleicht ohne es zu wollen – der Katze den Eindruck vermittelt hatte, besser sofort wegzulaufen, als solch ein Risiko nochmals einzugehen.

Bei der Behandlung kommt es zunächst darauf an, die spontane Flucht der Katze zu verhindern bzw. sie gar nicht erst vor diese Alternative zu stellen. Katzen, die stets erfolgreich fliehen, sehen keine Veranlassung, sich der neuen Situation zu stellen. Besser ist es, die Katze an einer Leine zu halten, sofern sie an das Geschirr gewöhnt ist, oder sie in einen Transportkäfig zu setzen, wenn ein neuer Gast erwartet wird. Stellen Sie den Käfig noch vor Eintreffen des Gastes in den Raum, in dem sich der Gast ruhig niedersetzt – gewöhnlich also das Wohnzimmer. Je mehr hilfreiche Besucher Sie auftreiben können, desto besser, doch zunächst sollten Sie die Situation mit Familienmitgliedern als „Gästen“ durchspielen. Sie klingeln an der Tür statt ihren Schlüssel zu gebrauchen. Wie üblich wird die Katze versuchen zu entkommen, wird daran aber durch den Käfig oder die Leine gehindert. Wenn der „Gast“ eintritt, erkennt die Katze eine vertraute Person und wird sich rasch beruhigen. Nach mehrmaliger Wiederholung hat sie gelernt, dass von der Türklingel keine Gefahr ausgeht.

Bitten Sie danach echte Gäste, bei dieser Prozedur mitzuspielen. Sie betreten nach dem Klingeln den Raum zusammen mit einem Familienmitglied und tun nicht weiter, als in einiger Entfernung von der Katze sitzen zu bleiben. Es kommt wesentlich darauf an, dass sich die Katze schrittweise an die neue Situation gewöhnt. Da ihr der Käfig nun Schutz vor der Herausforderung bietet, der sie so lange ausgewichen ist, wird sie sich immer rascher beruhigen.

In dieser Phase der Erziehung helfen Sie sehr nervösen Katzen, wenn Sie die Überreaktion durch ein Beruhigungsmittel (nach Anweisung durch den Tierarzt) etwas dämpfen. Es kommt jedoch darauf an, dass die Katze wirklich lernt und nicht einfach nur ruhig gestellt wird. Nach einigen Tagen können Sie das Medikament nach und nach absetzen. Auf diese Weise erwirbt die Katze eine immer stärkere Toleranz und wird nicht abhängig von einem Medikament. Drogen dürfen das Training nur unterstützen. Wenn die Katze – mit oder ohne Medikament – immer mehr Menschen begegnet, ohne dass etwas passiert, wird sie diese Verletzung ihres Reviers in Zukunft neutral bewerten. Außerdem lernt sie, dass sie trotz der Menschen im Zimmer eine genügend große Fluchtdistanz behält, um im Ernstfall doch noch zu entkommen.

Das nächste Stadium des Trainings wird schwieriger. Bitten Sie die Gäste, näher an den Käfig heranzurücken, damit sich die Katze noch besser an deren Gegenwart gewöhnt. Erfolg kann sich nur dann einstellen, wenn Sie auf die Katze eingehen. Sie muss die Gäste tolerieren, und diese wiederum dürfen die Katze weder berühren noch mit ihr sprechen; die Katze muss sich in Gegenwart von Fremden sicher fühlen. Erst danach können Sie die Angelegenheit etwas beschleunigen. Vielleicht klingt es etwas unfair, aber für den nächsten Schritt sollten Sie Ihre Katze für zwölf Stunden hungern lassen, ehe der nächste Gast eintritt. Er setzt sich nahe an den Käfig und bietet der Katze (auf gleicher Höhe, nicht von oben – das würde die Katze beunruhigen) kleine Leckerbissen durch die Stäbe des Käfigs an. Obwohl Futter eine starke Motivation liefert, die Katze zu beruhigen, sollten Sie und der Gast leise und ruhig mit der Katze sprechen. Danach bekommt die Katze regelmäßig während der Dauer eines Besuches (oder so lange Ihr Gast Geduld hat) etwas zu fressen. Laden Sie so viele Gäste wie möglich ein, auch Familienmitglieder sollten nun an der Prozedur teilhaben. So wird das Selbstvertrauen der Katze gestärkt und sie beginnt, in allen Besuchern potentielle Versorger bzw. später auch Objekte der Zuneigung zu sehen.

In der letzten Phase des Trainings begegnet Ihre Katze den Besuchern ohne Käfig, aber mit einem Halsband und Leine. Bitten Sie den Gast, der Katze wie zuvor Futter anzubieten und gehen Sie zusammen mit Ihrer Katze auf den bekannten und akzeptierten Gast zu. Gehen Sie langsam, denn die Katze darf auf keinen Fall in Panik verfallen, sondern sie muss sich versichern, dass der Gast freundlich ist. Sollte die Katze ängstlich sein oder an der Leine ziehen, brechen Sie den Versuch zunächst ab. Das Training ist erst dann abgeschlossen, wenn Ihre Katze es zulässt, von dem Gast vorsichtig gestreichelt zu werden – erst mit Ihnen zusammen, dann von ihm allein. Dabei ist es nicht unbedingt erforderlich, dass Ihr Gast die Katze für längere Zeit auf den Arm nimmt, denn dann kann die Katze nicht mehr fliehen und liefert sich aus; dieses Verhalten verlangt unbedingtes Vertrauen. Übrigens gibt es nicht viele Katzen, die sich bedingungslos einem Fremden in dieser Weise anvertrauen würden.

Bei allen Kontakten sollten die Fremden ihre Hände entweder ungesehen von der Seite oder langsam von vorn nähern, damit die Katze sie akzeptieren kann. Zu rasche Bewegungen könnten als bedrohlicher Pfotenstreich interpretiert werden. Denken Sie daran, dass eine Katzenpfote in Form der Krallen die tödlichste Waffe der

Katze trägt. In den Augen der Katze ist auch eine Hand eine Pfote und sie wird darauf ähnlich reagieren wie auf den Schlag einer feindlichen Pfote.

Manchmal zahlt es sich aus, wenn sich der Besucher nicht von oben, sondern auf dem Niveau der Katze nähert. Sollte es Ihren Besuchern nicht zusagen, auf dem Teppich herumzukriechen, können Sie natürlich auch die Katze höher platzieren – im Korb, an der Leine oder auf Ihrem Arm – dann erscheint der Fremde weniger bedrohlich. Selbstverständlich müssen Sie darauf achten, dass keine Unfälle vorkommen, etwa dass die Katze sich mit einem Hieb ihrer krallenbesetzten Pfote gegen einen Gast zur Wehr setzt.

Zoonosen

Zoonose ist der wissenschaftliche Name für alle Arten von Krankheiten, die von Tieren auf den Menschen übertragen werden. Tatsächlich gibt es nicht wenige Menschen, die aus Angst vor physischen Kontakten und damit vor Krankheiten keine Haustiere halten wollen. Obwohl Tollwut eine gefährliche Krankheit ist, ist die Gefahr einer Ansteckung äußerst gering. Zwar können Würmer über den Katzenkot übertragen werden, doch bei regelmäßig durchgeführten Wurmkuren bleibt auch dieses Problem vernachlässigbar klein. Katzen und andere Tiere übertragen Hautflechten auf den Menschen. Sie sind jedoch heilbar und kommen – außer bei verwilderten oder frei lebenden Katzen auf Bauernhöfen – kaum vor.

Gefährlicher ist die Toxoplasmose. Sie wird durch Keime übertragen, die im Kot der Katzen enthalten sind. Da eine befallene Katze keine oder nur schwache Symptome zeigt, ist Toxoplasmose in der Tat kaum erkennbar. Beim Menschen zeigen sich zunächst Anzeichen einer Erkältung. Tatsächlich ist die Wahrscheinlichkeit höher, sich an rohem oder schlecht gegartem Fleisch anzustecken als bei einer Katze. Dennoch sollten vor allem schwangere Frauen sehr vorsichtig sein und sich jedes Mal die Hände gründlich waschen, wenn sie eine Katze berührt haben. Während der Schwangerschaft sollte ein anderes Mitglied des Haushaltes das Katzenklo säubern, damit sich das ungeborene Baby nicht ansteckt. Zusammengefasst darf man sagen, dass bei Beachtung elementarer Hygieneregeln und regelmäßigen Wurmkuren nur relativ geringe Gefahren bestehen, sich bei einer Katze anzustecken. Die gesundheitlichen Vorzüge von Haustieren habe ich vorne angesprochen und dagegen zählt das kleine Risiko, sich an einer Katze anzustecken gar nichts im Vergleich zu den vielen Jahren, die eine Katze als Gefährte für angenehme Stunden sorgt.

Service

Zum Weiterlesen

Ballner, Maryjean:
Streichelmassage für Katzen.
Kosmos-Verlag 2000.

Becvar, Dr. Wolfgang:
Naturheilkunde für Katzen.
Kosmos-Verlag 1996.

Brixner, Saskia:
Gesundheit und Fitness für Katzen.
Kosmos-Verlag 1999.

Bohnenkamp, Gewen und Dr. Renate Jones
Was Katzen wirklich brauchen
Kosmos-Verlag 2004.

Delmonte, Patti:
Muffins Miau und 50 weitere Rezepte für Katzen.
Kosmos-Verlag 2002.

Faustmann, Ingo:
Katzensprache verstehen.
Kosmos-Verlag 1999.

Grimm, Hannelore:
Ein Kätzchen kommt ins Haus.
Kosmos-Verlag 2002.

Grimm, Hannelore:
So fühlt sich meine Katze wohl.
Kosmos-Verlag 2002.

Grimm, Hannelore:
Glückliche Wohnungskatzen.
Kosmos-Verlag 1997.

Hensel, Wolfgang:
Deine Katze.
Kosmos-Verlag 2001.

Johnson, Pam:
Katzen auf der Couch.
Kosmos-Verlag 1998.

Johnson, Pam:
Katzenpsychologie.
Kosmos-Verlag 1998.

Kraa, Gisela:
Bachblüten für Katzen.
Kosmos-Verlag 1996.

Lauer, Isabella:
Meine Katze.
Kosmos-Verlag 1998.

Lauer, Isabella:
Wenn Katzen reden könnten.
Kosmos-Verlag 2003.

Lauer, Isabelle:
Zwei Katzen – doppeltes Glück
Kosmos-Verlag 2004.

Laukner, Anna:
Wenn meine Katze krank ist.
Kosmos-Verlag 2003.

Mahkorn, Dr. Medea-Rachel:
Erste Hilfe für meine Katze.
Kosmos-Verlag 2002.

Metz, Gabriele:
Katzen.
Buch mit CD
Kosmos-Verlag 2002.

Metz, Gabriele:
So verwöhne ich meine Katze.
Kosmos-Verlag 2003.

Pryor, Karen:
Positiv bestärken – sanft erziehen.
Kosmos-Verlag 1999.

Tellington-Jones, Linda:
TTouch für Katzen.
Kosmos-Verlag 2003.

Theilig, Harald:
Mit Katzen spielen und lernen.
Kosmos-Verlag 1998.

Turner, Dr. Dennis C.:
Turners Katzenbuch
Kosmos-Verlag 2004.

Dr. Wolf:
Tiersprechstunde für Katzen.
Kosmos-Verlag 2003.

Zeitschriften

Geliebte Katze.
Gong-Verlag,
Nürnberg.

Katzen Magazin
Roro-Press-Verlag
CH-Dietlikon.

Katzen extra.
Symposion-Verlag,
Saarbrücken.

Our Cats.
Minerva-Verlag,
Viersen.

Adressen

1. Deutscher Edelkatzen-Züchterverband e.V. (DEKZV)
Berliner Str. 13
35614 Asslar
Tel. 0 64 41-84 79
www.dekzv.de

Deutsche Edelkatze e.V.
Geisbergstr. 2
45139 Essen
Tel. 02 01-55 57 24
www.deutsche-edelkatze.de

Deutsche Rassenkatzen-Union e.V. (DRU)
Hauptstr. 56
56814 Landkern
Tel. 0 26 53-62 07
www.dru.de

Süddeutscher Rassekatzen-Verband e.V. (SDRV)
Fallrohrstr. 30
90480 Nürnberg
Tel. 09 11-4 09 77 88
www.sdrv.de

Österreichischer Verband für die Zucht und Haltung von Edelkatzen (ÖVEK)
Liechtensteinstr. 126
A-1090 Wien
Tel. 02 22-3 19 64 23
www.oevek.at

Klub der Katzenfreunde Österreichs (KKÖ)
Castellezg. 8/1
A-1020 Wien
Tel. 02 22-2 14 78 60
www.kkoe.org

Féderation Féline Helvétique (FFH)
Solothurner Str. 83
CH-4053 Basel
Tel. 061-3 61 70 64
www.ffh.ch

GTVT Gesellschaft für Tierverhaltenstherapie e.V.
Dr. U. Bonengel
Am Kellerberg 18 a
84175 Gerzen
Tel. 0 87 44-17 50,
Fax 0 87 44-84 93
www.gtvt.de

Cat-Sitter-Clubs
Kontaktadresse: Verein Deutscher Katzenfreunde e.V.
Silberberg 11
22119 Hamburg
Tel. 0 40-45 48 42

Register